러시아어
토르플 2급
실전 모의 고사
❸

러시아어 토르플 2급 실전 모의 고사

❸

초판 인쇄 2017년 01월 06일
초판 발행 2017년 01월 13일

지은이 Н.А. Боровикова, Н.А. Гогулина, И.С. Просвирнина,
　　　　　Т.И. Смирнова, М.В. Дюзенли, У.С. Кутяева

펴낸이 김선명
펴낸곳 뿌쉬긴하우스
편집 Evgeny Shtefan, Ilona Istomina, 김영실
디자인 박은비

주소 서울시 중구 동호로 15길 8, 리오베빌딩 3층
전화 02) 2237-9387
팩스 02) 2238-9388
홈페이지 www.pushkinhouse.co.kr

출판등록 2004년 3월1일 제2004-0004호
ISBN 978-89-92272-95-7 14790
　　　　 978-89-92272-64-3 (세트)

© УрФУ, 2016
Настоящее издание осуществлено по лицензии, полученной от кафедры русского языка для иностранных учащихся Уральского федерального университета
© Pushkin House, 2016

이 책의 한국어판 저작권은 УрФУ(우랄연방대학교)와 독점 계약한 뿌쉬긴하우스에 있습니다.
저작권법에 의해 한국 내에서 보호를 받는 저작물이므로 무단 전재와 무단 복제를 금합니다.

Тест по русскому языку как иностранному
Второй сертификационный уровень

토르플 고득점을 위한 모의고사 시리즈

TORFL

러시아어
토르플 2급
실전 모의고사 3

Н.А. Боровикова, Н.А. Гогулина, И.С. Просвирнина,
Т.И. Смирнова, М.В. Дюзенли, У.С. Кутяева 지음

뿌쉬낀하우스

※ MP3 파일은 뿌쉬낀하우스 홈페이지(www.pushkinhouse.co.kr)에서 무료로 다운로드받을 수 있습니다.
　또한 스마트폰을 통해 QR코드를 스캔하면 듣기·말하기 영역 MP3 파일을 바로 청취할 수 있습니다.

contents

토르플 길라잡이 _6

1부 테스트

Субтест 1.　　ЛЕКСИКА. ГРАММАТИКА 어휘, 문법 영역　_11

Субтест 2.　　ЧТЕНИЕ 읽기 영역　_36

Субтест 3.　　ПИСЬМО 쓰기 영역　_47

Субтест 4.　　АУДИРОВАНИЕ 듣기 영역　_52

Субтест 5.　　ГОВОРЕНИЕ 말하기 영역　_60

2부 정답

어휘, 문법 영역 정답　_69

읽기 영역 정답　_73

쓰기 영역 예시 답안　_74

듣기 영역 정답 및 녹음 원문　_82

말하기 영역 예시 답안　_88

첨부: 답안지 РАБОЧИЕ МАТРИЦЫ　_103

1. 토르플 시험이란?

토르플(TORFL)은 'Test of Russian as a Foreign Language'의 약자로 러시아 교육부 산하기관인 '러시아어 토르플 센터'에서 주관하는 외국인 대상 러시아어 능력 시험이다. 기초 단계에서 4단계까지 총 여섯 단계로 나뉘어 있으며 시험 과목은 어휘·문법, 읽기, 듣기, 쓰기, 말하기의 다섯 영역으로 구성되어 있다. 현재 토르플은 러시아 내 대학교의 입학 시험, 국내 기업체, 연구소, 언론사 등에서 신입사원 채용 시험 및 직원들의 러시아어 실력 평가를 위한 방법으로 채택되고 있다.

2. 토르플 시험 단계

토르플 시험은 기초단계, 기본단계, 1단계, 2단계, 3단계, 4단계로 나뉘어 있다.

- 기초단계 (элементарный уровень)
  일상생활에서 필요한 최소한의 러시아어 구사가 가능한 가장 기초 단계이다.

- 기본단계 (базовый уровень)
  일상생활에서 필요한 기본적인 의사 소통이 가능한 단계이다.

- 1단계 (I сертификационный уровень)
  일상생활에서의 자유로운 의사소통뿐만 아니라, 사회, 문화, 역사 등의 분야에서 러시아인과 대화가 가능한 공인단계이다. 러시아 대학에 입학하기 위해서는 1단계 인증서가 필요하며, 국내에서는 러시아어문계열 대학졸업시험이나 기업체의 채용 및 사원 평가 기준으로도 채택되고 있다.

- 2단계 (II сертификационный уровень)
  원어민과의 자유로운 대화뿐만 아니라, 문화, 예술, 자연과학, 공학 등 전문 분야에서도 충분히 의사소통이 가능한 공인단계이다. 2단계 인증서는 러시아 대학의 비어문계 학사 학위 취득을 위한 요건이며 석사 입학을 위한 자격 요건이기도 하다. 1단계와 마찬가지로 국내에서는 러시아어문계열 대학졸업시험이나 기업체의 채용 및 사원 평가 기준으로도 채택되고 있다.

· 3단계 (III сертификационный уровень)

사회 전 분야에 걸쳐 고급 수준의 의사소통 능력을 지니고 있어 러시아어로 전문적인 활동이 가능한 공인단계이다. 러시아 대학의 비어문계열 석사와 러시아어문학부 학사 학위를 취득하기 위해서 3단계 인증서가 필요하다.

· 4단계 (IV сертификационный уровень)

원어민에 가까운 러시아어 구사 능력을 지니고 있는 가장 높은 공인단계로, 이 단계의 인증서를 획득하면 러시아어문계열의 모든 교육과 연구 활동이 가능하다. 4단계 인증서는 러시아어문학부 석사, 비어문계열 박사, 러시아어 교육학 박사 등의 학위를 취득하기 위한 요건이다.

3. 토르플의 시험영역

토르플 시험은 어휘·문법, 읽기, 듣기, 쓰기, 말하기의 다섯 영역으로 구성되어 있다.

· 어휘·문법 영역 (ЛЕКСИКА. ГРАММАТИКА)
객관식 필기 시험으로 어휘와 문법을 평가한다. (*사전 이용 불가)

· 읽기 영역 (ЧТЕНИЕ)
객관식 필기 시험으로 주어진 본문과 문제를 통해 독해 능력을 평가한다. (*사전 이용 가능)

· 듣기 영역 (АУДИРОВАНИЕ)
객관식 필기 시험으로 들려 주는 본문과 문제를 통해 이해 능력을 평가한다. (*사전 이용 불가)

· 쓰기 영역 (ПИСЬМО)
주관식 필기 시험으로 주제에 알맞은 작문 능력을 평가한다. (*사전 이용 가능)

· 말하기 영역 (ГОВОРЕНИЕ)
주관식 구술 시험으로 주어진 상황에 적합한 말하기 능력을 평가한다. (*사전 이용이 가능한 문제도 있음)

4. 토르플 시험의 영역별 시간

구 분	기초 단계	기본 단계	1단계	2단계	3단계	4단계
어휘·문법 영역	50분	50분	60분	90분	90분	60분
읽기 영역	50분	50분	50분	60분	60분	60분
듣기 영역	30분	30분	35분	35분	35분	45분
쓰기 영역	40분	50분	60분	55분	75분	80분
말하기 영역	25분	40분	60분	45분	45분	50분

*토르플 시험의 영역별 시간은 시험 시행기관마다 조금씩 다를 수 있습니다.

5. 토르플 시험의 영역별 만점

구　　　분	기초 단계	기본 단계	1단계	2단계	3단계	4단계
어휘·문법 영역	100	110	165	150	100	141
읽기 영역	120	180	140	150	150	136
듣기 영역	100	180	120	150	150	150
쓰기 영역	80	80	80	65	100	95
말하기 영역	130	180	170	145	150	165
총 점수	530	730	675	660	650	687

6. 토르플 시험의 합격 점수

구　　　분	기초 단계	기본 단계	1단계	2단계	3단계	4단계
어휘·문법 영역	75-100점 (66%이상)	82-110점 (66%이상)	109-165점 (66%이상)	99-150점 (66%이상)	66-100점 (66%이상)	93-141점 (66%이상)
읽기 영역	90-120점 (66%이상)	135-180점 (66%이상)	92-140점 (66%이상)	99-150점 (66%이상)	99-150점 (66%이상)	89-136점 (66%이상)
듣기 영역	75-100점 (66%이상)	135-180점 (66%이상)	79-120점 (66%이상)	99-150점 (66%이상)	99-150점 (66%이상)	99-150점 (66%이상)
쓰기 영역	60-80점 (66%이상)	60-80점 (66%이상)	53-80점 (66%이상)	43-65점 (66%이상)	66-100점 (66%이상)	63-95점 (66%이상)
말하기 영역	98-130점 (66%이상)	135-180점 (66%이상)	112-170점 (66%이상)	96-145점 (66%이상)	99-150점 (66%이상)	108-165점 (66%이상)

1부 테스트

Субтест 1. ЛЕКСИКА. ГРАММАТИКА

Инструкция к выполнению теста

- Время выполнения теста – **90 минут.**

- Тест состоит из 6 частей, включающих 150 заданий.

- При выполнении теста пользоваться словарём нельзя.

- Перед выполнением теста вы получаете задания, инструкции к заданиям и листы с матрицами.

- На каждом листе с матрицей напишите свои фамилию, имя и название страны.

- Задания предъявлены в форме множественного выбора. Вам нужно выбрать свой вариант ответа и отметить его в соответствующей матрице.

- Выбирая ответ, отметьте букву, которой он обозначен:

    Например:

    | 3 | А ᵛ | Б | В | Г | |

    (Вы выбрали вариант А).

- Если вы изменили свой выбор, не надо ничего исправлять или зачёркивать, внесите свой окончательный вариант ответа в дополнительную графу.

    | 3 | А ᵛ | Б | В | Г | **В** |

    (Ваш выбор – вариант В).

- В тесте ничего не пишите! Проверяться будет только матрица.

ЧАСТЬ 1

В заданиях 1–25 выберите свой вариант ответа и отметьте его в матрице 1.

1.	Я никак не могу … , как зовут нашего нового преподавателя.	А) Б) В) Г)	забыть запоминать вспомнить вспоминать
2.	Требуется … к следующему занятию десять русских пословиц.	А) Б) В) Г)	учиться научить заниматься выучить
3.	Вчера по телевизору … о грозе в нашем городе.	А) Б) В) Г)	рассказал рассказали рассказала рассказывалась
4.	Жаль, что я не … твоим советом.	А) Б) В) Г)	воспользовался употребил использовал принял
5.	Погода … всё лучше и лучше.	А) Б) В) Г)	стала остаётся становится останется
6.	У меня … сделать контрольную работу на «отлично».	А) Б) В) Г)	не удалось не смог не умею не получилось
7.	… много дней после нашей встречи.	А) Б) В) Г)	Ушли Прошло Прошли Идёт

8.	Несколько минут … до конца урока.	А) Б) В) Г)	останутся осталось остаются стало
9.	Завтра мы … организацией праздника.	А) Б) В) Г)	начнём займёмся будем будем начинать
10.	Все места в зале были … .	А) Б) В) Г)	занято занят заняты занять
11.	Все поставленные вопросы являются … .	А) Б) В) Г)	важными важные важны важно
12.	Время выполнения теста … .	А) Б) В) Г)	ограничена ограничено ограничило ограничен
13.	На двери висело объявление: «Результаты анализов … после двух часов».	А) Б) В) Г)	выдаются выданы даём выдано
14.	В комнате душно, стоит … окно.	А) Б)	открывать открыть
15.	Не надо было … столько одежды!	А) Б)	надеть надевать
16.	Этот ключ не подходит. Я не могу … им дверь.	А) Б)	закрывать закрыть

17.	Ты обманул меня. Зачем ты это … ?	А) Б)	делал сделал
18.	Она закончила … первой.	А) Б)	перевести переводить
19.	Прочитав задание, он быстро … его выполнять.	А) Б)	начал начинал
20.	Завтра выходной день. Нам не … в 7 часов утра.	А) Б)	подняться подниматься
21.	Этот спектакль все хотят посмотреть. На него не … билеты.	А) Б)	купить покупать
22.	Сегодня обязательно … ему. Он ждёт твоего звонка.	А) Б)	звони позвони
23.	Не … я в словаре это слово, я иначе понял бы предложение.	А) Б)	смотри посмотри
24.	Пока я думал, покупать или нет этот планшет, его … .	А) Б)	взяли брали
25.	По-моему, погода стала … .	А) Б)	испортиться портиться

ЧАСТЬ 2

В заданиях 26–50 выберите свой вариант ответа и отметьте его в матрице 2.

| 26. | Занятие по философии перенесли … . | А)
Б)
В)
Г) | на среду
в среду
к среде
среда |

27.	Я не хочу отвлекаться … .	А)	в дело
		Б)	из дела
		В)	к делу
		Г)	от дела
28.	Пусть музыка играет. Она … не мешает.	А)	меня
		Б)	мне
		В)	для меня
		Г)	на меня
29.	Она никогда не возражает … .	А)	к нему
		Б)	ему
		В)	его
		Г)	на него
30.	Мы всегда можем договориться … . Правда?	А)	тебя
		Б)	с тебя
		В)	тобой
		Г)	с тобой
31.	Его поведение не соответствует его … .	А)	с возрастом
		Б)	возрасту
		В)	на возраст
		Г)	в возрасте
32.	Образ жизни влияет … человека.	А)	здоровью
		Б)	здоровье
		В)	на здоровье
		Г)	от здоровья
33.	Занятия спортом способствуют … физической формы.	А)	к сохранению
		Б)	с сохранением
		В)	на сохранение
		Г)	сохранению
34.	Движение необходимо … .	А)	у всех нас
		Б)	всем нам
		В)	на всех нас
		Г)	всеми нами

35.	Эти преподаватели включены … экзаменационной комиссии.	А)	состав
		Б)	на состав
		В)	в состав
		Г)	из состава
36.	Марку было трудно привыкнуть… .	А)	к новым условиям
		Б)	на новые условия
		В)	новые условия
		Г)	в новых условиях
37.	Замедление роста экономики отмечалось уже … прошлого года.	А)	в конце
		Б)	на конце
		В)	на конец
		Г)	конец
38.	Вывести экономику на прежний уровень невозможно … .	А)	один год
		Б)	одним годом
		В)	за один год
		Г)	после года
39.	Восстановить стабильное финансовое положение в стране удастся лишь … .	А)	около нескольких лет
		Б)	несколько лет
		В)	спустя нескольких лет
		Г)	через несколько лет
40.	Этот беспомощный человек нуждается … .	А)	на самое необходимое
		Б)	к самому необходимому
		В)	с самым необходимым
		Г)	в самом необходимом
41.	Он приобрёл опыт … на кафедре.	А)	благодаря работе
		Б)	из-за работы
		В)	через работу
		Г)	от работы

42.	Мы потеряли время … .	А)	от медлительности
		Б)	через медлительность
		В)	из-за медлительности
		Г)	благодаря медлительности

43.	… можно устранить все недостатки.	А)	От большого желания
		Б)	Из-за большого желания
		В)	С большим желанием
		Г)	При большом желании

44.	Мы получили приглашение на учебу … .	А)	в электронной почте
		Б)	по электронной почте
		В)	через электронную почту
		Г)	на электронной почте

45.	Через два дня у нас будет экзамен … .	А)	по лингвокультурологии
		Б)	в лингвокультурологии
		В)	лингвокультурологии
		Г)	о лингвокультурологии

46.	К сожалению, я отсутствовала на занятиях … .	А)	вопреки семейным обстоятельствам
		Б)	при семейных обстоятельствах
		В)	благодаря семейным обстоятельствам
		Г)	по семейным обстоятельствам

47.	В конце своего сообщения докладчик сделал вывод … языка и культуры.	А)	взаимосвязи
		Б)	по взаимосвязи
		В)	о взаимосвязи
		Г)	на взаимосвязь

48.	Выразил сомнение … полученных результатов.	А) к объективности Б) в объективности В) объективности Г) об объективности
49.	Думаю, стоит пересмотреть своё отношение … .	А) на данный вопрос Б) данного вопроса В) о данном вопросе Г) к данному вопросу
50.	Мне понятна Ваша точка зрения … достижения конечной цели.	А) для способов Б) в способах В) на способах Г) на способы

ЧАСТЬ 3

В заданиях 51–58 выберите свой вариант ответа и отметьте его в матрице 3.

51.	Информация, … из некоторых источников, является достоверной.	А) получающая Б) полученная В) получавшая Г) получившая
52.	Я восхищаюсь космонавтом Леоновым, первым … в открытый космос.	А) вышедший Б) выходящим В) вышедшим Г) выходящий
53.	Я прочитал об открытии, … знаменитым русским путешественником Пржевальским.	А) совершаемом Б) совершившим В) совершённом Г) совершающем

54.	Эта статья посвящена знаменитому русскому путешественнику Пржевальскому, … много географических открытий.	А) совершённому Б) совершившему В) совершающему Г) совершаемому
55.	В городе идут споры, … сохранения исторических зданий.	А) касавшиеся Б) касаясь В) касавшись Г) касающиеся
56.	Решение, … судом, имеет законную силу.	А) приняв Б) принятое В) принявшее Г) принимавшее
57.	… масштаб бедствия, правительство приняло решение увеличить финансовую помощь пострадавшим.	А) Оценив Б) Оценённое В) Оценивающее Г) Оценённый
58.	Уточнив вопрос, ….	А) лектору было трудно ответить на него. Б) всё равно было непонятно, о чем идет речь. В) лектор начал отвечать на него. Г) у лектора был готов ответ.

В заданиях 59–75 установите синонимические соответствия между выделенными конструкциями и вариантами ответов. Отметьте свой выбор в матрице 3.

59.	На этом предприятии выпускают самолёты, **являющиеся большим достижением в самолётостроении**.	А)	которые являлись большим достижением в самолётостроении.
		Б)	которые являются большим достижением в самолётостроении.
		В)	который является большим достижением в самолётостроении.
		Г)	который являлся большим достижением в самолётостроении.
60.	Музыкальные произведения, **создаваемые молодыми композиторами**, исполняются на концертах.	А)	которые создавали молодые композиторы
		Б)	которые будут создавать молодые композиторы
		В)	которые создают молодые композиторы
		Г)	которые создали молодые композиторы
61.	Симфония, **исполненная оркестром Свердловской филармонии**, была принята слушателями очень тепло.	А)	которая исполнялась оркестром Свердловской филармонии
		Б)	которую исполнил оркестр Свердловской филармонии
		В)	которая исполнилась оркестром Свердловской филармонии
		Г)	которую исполняет оркестр Свердловской филармонии

62.	В дипломной работе был сделан анализ языковых средств, **использовавшихся для создания комического эффекта**.	А)	которые использовали для создания комического эффекта.
		Б)	которые использовались для создания комического эффекта.
		В)	которые используются для создания комического эффекта.
		Г)	которые используют для создания комического эффекта.
63.	Нужно проанализировать сложные предложения, **которые встречаются в данном тексте**.	А)	встречаемые в данном тексте.
		Б)	встречающиеся в данном тексте.
		В)	встречавшиеся в данном тексте.
		Г)	встреченные в данном тексте.
64.	Закон, **который приняла Госдума**, вступает в силу через месяц.	А)	принятый Госдумой
		Б)	принимаемый Госдумой
		В)	принимающий Госдуму
		Г)	принявший Госдуму
65.	Я хочу разобраться в Указе президента, **который опубликовали на днях**.	А)	опубликованный на днях.
		Б)	опубликованного на днях
		В)	опубликованном на днях
		Г)	опубликуемом на днях

66.	Речь идет о событии, **которое изменило судьбу целого народа**.	А)	изменившем судьбу целого народа.
		Б)	изменившее судьбу целого народа.
		В)	изменившего судьбу целого народа
		Г)	изменяющего судьбу целого народа
67.	**Получая достоверную информацию**, читатели сами оценивают происходящие в мире события.	А)	Когда получили достоверную информацию
		Б)	Когда получат достоверную информацию
		В)	Когда получают достоверную информацию
		Г)	Когда получали достоверную информацию
68.	**Войдя в состав Российской Федерации**, Крым получил значительную финансовую поддержку со стороны России.	А)	Во время вхождения в состав РФ
		Б)	До вхождения в состав РФ
		В)	Перед вхождением в состав РФ
		Г)	После вхождения в состав РФ
69.	**Смеясь над ошибками других**, он сам часто ошибается.	А)	так как смеётся над ошибками других
		Б)	если смеётся над ошибками других
		В)	когда смеётся над ошибками других
		Г)	хотя смеётся над ошибками других

70.	Ольга, **вспомнив о своем обещании перезвонить**, сразу взяла телефон.	А)	если вспомнит о своём обещании перезвонить
		Б)	как только вспомнила о своём обещании перезвонить
		В)	потому что вспомнит о своём обещании перезвонить
		Г)	хотя вспомнила о своём обещании перезвонить
71.	**Когда мы учились в школе**, мы мечтали о великом будущем.	А)	учась в школе
		Б)	учившиеся в школе
		В)	учащиеся в школе
72.	**Если каждый день повторять одно и то же**, можно сойти с ума.	А)	повторяясь каждый день одно и то же
		Б)	повторив каждый день одно и то же
		В)	повторившись каждый день одно и то же
		Г)	повторяя каждый день одно и то же
73.	**Хотя Ынчхан окончит университет**, он будет продолжать изучать русский язык.	А)	окончивший университет
		Б)	окончив университет
		В)	оканчивая университет
		Г)	оканчивающий университет
74.	Не стоит долго думать, **когда выбираете правильный вариант по грамматике**.	А)	выбирая правильный вариант по грамматике
		Б)	выбрав правильный вариант по грамматике
		В)	выбравший правильный вариант по грамматике
		Г)	выбиравший правильный вариант по грамматике

| 75. | Девушка **с волнением** рассказывала о случившемся инциденте. | А) Б) В) Г) | волнующаяся волновавшаяся волнуясь волновавшись |

ЧАСТЬ 4

В заданиях 76–93 выберите свой вариант ответа и отметьте его в матрице 4.

76.	Зазвонил телефон, … я услышал незнакомый голос.	А) Б) В) Г)	а да но и
77.	Я видел её раньше, … тогда она была моложе, красивее.	А) Б) В) Г)	зато но а или
78.	Я долго искал решение этой проблемы, … вдруг всё понял.	А) Б) В) Г)	и к тому же и потом и как раз ну и
79.	Она смеялась, … глаза её были грустными.	А) Б) В) Г)	зато а а также и потом
80.	Он поступил необдуманно, … сейчас жалеет об этом.	А) Б) В) Г)	и также и потом и или

81.	Я был в гостях у друзей, … познакомился на факультете.	А) которых Б) которые В) с которыми Г) у которых
82.	В коридоре стоял обычный шум, … бывает во время перерыва.	А) если Б) когда В) с каким Г) какой
83.	Его слова были такими грубыми, … она заплакала.	А) когда Б) чтобы В) как Г) что
84.	На экскурсии не было … , кто не знал о ней.	А) те Б) та В) тех Г) тот
85.	Такую погоду, … была этой зимой, не помнит никто.	А) какую Б) какой В) с какой Г) какая
86.	Я расскажу тебе такое, … ты никогда не слышал.	А) которое Б) чего В) какое Г) какой
87.	Мне нравится работать рано утром, … ещё все спят.	А) когда Б) где В) в какое Г) каким
88.	… я снял пальто, в дверь постучали.	А) С тех пор как Б) Пока В) Как только Г) Пока не

89.	… здесь начали строить новый дом, на этом месте находился парк.	А) До того как Б) После того как В) Как только Г) С тех пор как
90.	Мысль, … до каникул осталась всего неделя, радовала нас.	А) когда Б) которая В) что Г) с которой
91.	Стоило учителю выйти из класса, … все начинали бегать и кричать.	А) как Б) когда В) прежде чем Г) пока
92	В сентябре занятия в школе не начались, … проводился ремонт.	А) благодаря тому, что Б) в связи с тем, что В) если Г) когда
93.	… тебе очень хотелось пойти с нами, ты бы поспешил закончить перевод.	А) Так как Б) Если бы В) Как Г) Когда

В заданиях 94–100 установите синонимические соответствия между выделенными конструкциями и вариантами ответа. Отметьте свой выбор в матрице 4.

94.	**Сидя за компьютером,** я думал об экзаменах.	А) когда сяду за компьютер Б) когда буду сидеть за компьютером В) после того как сяду за компьютер Г) когда сидел за компьютером

95.	**Хорошо зная корейский язык**, Антон всё-таки с трудом переводил этот текст.	А)	если хорошо знал корейский язык
		Б)	потому что хорошо знал корейский язык
		В)	хотя хорошо знал корейский язык
		Г)	когда хорошо знал корейский язык
96.	**Почувствовав себя плохо**, я попросил преподавателя отпустить меня домой.	А)	оттого что я почувствовал себя плохо
		Б)	если я почувствовал себя плохо
		В)	перед тем как я почувствовал себя плохо
		Г)	хотя я почувствовал себя плохо
97.	**За разговорами мы не заметили**, как наступила ночь.	А)	хотя разговаривали
		Б)	если разговаривали
		В)	во время разговоров
		Г)	когда разговариваем
98.	**Если бы не дождь**, мы не сидели бы дома.	А)	дождя не было и мы не сидели дома
		Б)	благодаря тому, что дождя не было, мы не сидели дома
		В)	мы сидели дома, потому что был дождь
		Г)	когда не будет дождя, мы не будем сидеть дома
99.	**С момента нашей встречи** прошёл год.	А)	прошёл год после нашей встречи
		Б)	через год мы встретились
		В)	до момента нашей встречи прошёл год
		Г)	пройдёт год и мы встретимся

100.	**При всём своём желании** он не смог поступить в магистратуру.	А)	потому что он очень желал
		Б)	когда он очень желал
		В)	благодаря тому, что очень желал
		Г)	хотя очень желал

ЧАСТЬ 5

В заданиях 101–125 выберите свой вариант ответа и отметьте его в матрице 5.

101.	Вчера жители Южного полушария могли … солнечное затмение.	А)	любоваться
		Б)	рассмотреть
		В)	наблюдать
		Г)	глядеть
102.	Брат хорошо … в технике.	А)	владеет
		Б)	разбирается
		В)	учится
		Г)	знает
103.	Мы замечательно … время на дне рождения у друга.	А)	проходили
		Б)	провели
		В)	водили
		Г)	вели
104.	Когда я перевожу сложный текст, мне иногда … обращаться за помощью к другу.	А)	удаётся
		Б)	везёт
		В)	выдаётся
		Г)	приходится
105.	От волнения на экзамене я никак не мог … с мыслями.	А)	сосредоточиться
		Б)	считаться
		В)	добраться
		Г)	собраться

106.	Ему нельзя доверять секреты: он может … .	А) Б) В) Г)	проговориться оговориться договориться заговориться
107.	Её сегодня не будет на занятиях, она … .	А) Б) В) Г)	остудилась застудилась простудилась простудится
108.	Старшему сыну … подготовить программу вечера.	А) Б) В) Г)	вручили выручили поручили обручили
109.	Чтобы правильно справиться с заданием, надо … ряд правил.	А) Б) В) Г)	освоить усвоить присвоить усвоиться
110.	Эта серьёзная проблема требует … изучения.	А) Б) В) Г)	особенного особое собственного особого
111.	Этот певец является … многих конкурсов.	А) Б) В) Г)	дипломантом дипломником дипломом дипломник
112.	Внимательно проверьте статью: в ней есть … .	А) Б) В) Г)	отпечатки опечатки перепечатки печатки
113.	… проводы – лишние слёзы.	А) Б) В) Г)	Далёкие Дальние Дальнейшие Отдалённые

114.	… причину его поступка было трудно понять.	А) Б) В) Г)	Истинную Честную Правдивую Справедливую
115.	Это … ошибка иностранцев при произношении этих звуков.	А) Б) В) Г)	типичная типическая типологическая типовая
116.	Во время проведения рекламных акций магазины предлагают покупателям самые … цены на свои товары.	А) Б) В) Г)	дешёвые маленькие низкие небольшие
117.	Каждый из участников дискуссии высказал своё … об обсуждаемой проблеме.	А) Б) В) Г)	воззрение толкование мнение объяснение
118.	В библиотеке имеется полное … сочинений этого автора.	А) Б) В) Г)	подбирание собрание собирание выбирание
119.	Нарушение грамматических норм является … ошибкой.	А) Б) В) Г)	сильной глубокой резкой грубой
120.	Сколько бы ты ни спорил со мной, в … случае я буду прав.	А) Б) В) Г)	всяческом ином любом каком-нибудь
121.	В разговоре со мной она намекнула, что у неё есть … сбережения, которые она потратит на путешествия.	А) Б) В) Г)	какие-нибудь кое-какие какие-либо сколько-нибудь

122.	Ей было очень одиноко, у неё не было друзей и … было пойти.	А) Б) В) Г)	некогда некуда никуда негде
123.	У меня безвыходная ситуация, мне нужен твой … совет.	А) Б) В) Г)	дружеский дружный дружественный дружелюбный
124.	Прежде чем расстаться необходимо … те вопросы, которые надо решать в первую очередь.	А) Б) В) Г)	обговорить заговорить отговорить проговорить
125.	Вот хитрец, … нас вокруг пальца.	А) Б) В) Г)	завёл обвёл провёл привёл

ЧАСТЬ 6

В заданиях 126–132 выберите свой вариант ответа и отметьте его в матрице 6.

126.	Живя у своего дяди С. П. Алферьева, Лесков попал в … учащейся молодёжи и молодых учёных.	А) Б) В) Г)	место обстановку среду состав
127.	Эта среда … благотворное влияние на развитие умственных и духовных интересов будущего писателя.	А) Б) В) Г)	создала сделала оказала сказала

128.	В 1861 г. Лесков переезжает в Петербург, а затем в Москву, где … сотрудником газеты «Русская речь».	А)	оказался
		Б)	показался
		В)	явился
		Г)	становится

129.	Важную роль в редакции … революционер А. Бенни.	А)	исполнял
		Б)	играл
		В)	имел
		Г)	занимал

130.	Значительная часть ранних произведений Лескова написана в жанре художественного очерка, который в шестидесятые годы … большой популярностью.	А)	пользовался
		Б)	использовал
		В)	использовался
		Г)	имел

131.	В публицистике Лесков также … себя как страстный полемик.	А)	объявил
		Б)	назвал
		В)	проявил
		Г)	выявил

132.	Творчество Лескова шестидесятых годов … большим разнообразием.	А)	является
		Б)	считается
		В)	отличается
		Г)	замечается

В представленном тексте официального письма выберите свой вариант ответа и отметьте его в матрице 6.

133.	Уважаемый господин Фролов! В газете «Аргументы и факты» я прочитал объявление о том, что при Московском университете … курсы русского языка для иностранцев.	А)	составлены
		Б)	организованы
		В)	сделаны
		Г)	устроены

134.	… я пишу дипломную работу по теме «Анализ особенностей рынка ценных бумаг в России».	А) Б) В) Г)	Сегодня В эти дни В последнее время В настоящее время
135.	Для … материала я хотел бы приехать в Москву	А) Б) В) Г)	собирания собрания сбора сборки
136.	… с сентября по декабрь 2015 года	А) Б) В) Г)	во время на период на время сроком
137.	… доступа к документальным источникам, хранящимся в московских библиотеках.	А) Б) В) Г)	с целью в связи с благодаря из-за
138.	В течение этого же периода я хотел бы … курсы русского языка.	А) Б) В) Г)	изучать брать посещать учить
139.	Также я хотел бы поинтересоваться, есть ли возможность … консультации экспертов по теме моей дипломной работы.	А) Б) В) Г)	взять получить иметь сделать
140.	Заранее … Вас за внимание и за ответ на моё письмо. С уважением, (подпись)	А) Б) В) Г)	благодарен признателен благодарствую благодарю

В заданиях 141–145 представлен текст-аннотация. Выберите свой вариант ответа и отметьте его в матрице 6.

141.	Пособие … корректировочным и ставит целью	А) Б) В) Г)	представляется оказывается выявляется является
142.	… правильного употребления русских предложно-падежных форм.	А) Б) В) Г)	наработку отработку проработку выработку
143.	Корректировка навыков употребления предложно-падежных форм … на базе тренировочных заданий.	А) Б) В) Г)	составляется выделяется осуществляется существует
144.	Большинство упражнений … ключами.	А) Б) В) Г)	сложено сопряжено снабжено составлено
145.	Это позволяет … пособие как на занятиях, так и при самостоятельной работе студентов.	А) Б) В) Г)	пользоваться использовать попользоваться использоваться

В заданиях 146–150 представлены примеры *газетно-публицистического стиля*. Выберите свой вариант ответа и отметьте его в матрице 6.

| 146. | Второй год Культурной олимпиады был посвящён театру. Организаторы Игр в Сочи … Культурной олимпиаде поистине всероссийский масштаб. | А)
Б)
В)
Г) | дали
передали
придали
подали |

147.	В рамках Культурной олимпиады … постановка патриотической оперы Александра Бородина «Князь Игорь».	А) Б) В) Г)	стояла состоялась постояла сделана
148.	Оргкомитет «Сочи 2014» … также два всероссийских конкурса.	А) Б) В) Г)	ввёл провёл вёл дал
149.	Первый из них – Всероссийский детский театральный конкурс – принимал … : новеллы, созданные детьми с инвалидностью.	А) Б) В) Г)	заявки заявления объявления выявление
150.	Второй конкурс – «Текстура-Олимп» – был … выявить лучшие театральные коллективы России.	А) Б) В) Г)	назван вызван призван созван

Субтест 2. ЧТЕНИЕ

Инструкция по выполнению теста

- Время выполнения теста – **60 мин.**

- Тест состоит из 2 частей:

    часть 1 (задания 1–15): выполняется на основе текстов 1 и 2;
    часть 2 (задания 16–25): выполняется на основе текста 3.

- Вы получаете тест. Он состоит из 3 текстов, тестовых заданий, инструкции к ним в письменной форме и матрицы. На листе с матрицей напишите Ваши имя, фамилию и название страны.

- После того, как Вы прочитаете инструкцию, текст и ознакомитесь с заданиями, выберите вариант ответа к каждому из заданий и отметьте соответствующую букву на матрице (А, Б или В).

    Например:

    | З | А | Б ✓ | В | Г | |

    (Вы выбрали вариант Б).

- Если Вы изменили решение, не надо ничего исправлять и зачёркивать. Внесите свой окончательный вариант ответа в дополнительную графу.

    Например:

    | З | А | Б ✓ | В | Г | **В** |

    (Ваш выбор – вариант В).

- При выполнении заданий части 2 можно пользоваться толковым словарём русского языка.

- В тесте ничего не пишите! Проверяться будет только матрица.

ЧАСТЬ 1

Инструкция к заданиям 1–8

- Вам предъявляется текст.
- Ваша задача – прочитать текст и **закончить предложения**, данные после текста, выбрав правильный вариант.
- Правильный вариант ответа необходимо вписать в матрицу.
- Время выполнения задания – **15 минут.**

Задания 1–8. Прочитайте Текст 1 и предложения, которые даны после текста. Выполните задания в соответствии с инструкцией.

Текст 1

Известный модельер Вячеслав Зайцев в одном из интервью так отвечает на вопрос о том, как он заработал свой первый рубль.

– Рубль мы имели постоянно – действительно, рубль, но не больше, потому что, практически, до пятидесяти лет я испытывал постоянное состояние нищеты. И только когда состоялась моя первая поездка в Америку, и поступило совершенно для меня неожиданное предложение сделать выставку живописи в Сан-Франциско по предложению главы галереи Пола Сорока, я от Союза художников был направлен туда с помощью Таира Салахова. Первая выставка в Сан-Франциско в 1991 году принесла мне первые доллары, то есть, я впервые ощутил, что я заработал деньги. Если я в России их всегда получал, то тогда я впервые заработал по-настоящему. С тех пор я понял, что это возможно сделать, возможно от этого получить удовольствие, поскольку это результат твоего труда – труда, который ты ощущаешь непосредственно. Если, работая в коллективе, ты получаешь зарплату и присутствуешь в этом процессе опосредованно, то здесь ты – сам автор и, одновременно, человек, который за свою работу заслуженно получает свои деньги.

А что касается первого рубля, это было очень давно. По всей вероятности, это было послевоенное время – 1946 год. Помню разрушенный Харьков, потом колючую проволоку, где-то вдалеке папа, которого я никогда не видел, потому что, когда он ушёл, мне было три года. Когда мы приехали в Иваново, мы жили в коммунальной квартире, у нас была маленькая комнатка, ее обокрали. Мама была растеряна, с ней было очень плохо – она легла в больницу. Надо было что-то носить, и я в перерывах на обед ходил к магазинам и пел песни. Мне давали обломанные конфетки, печенье, я шёл на рынок и продавал их. После этого я шёл в магазин и уже покупал маме хлеб. Пожалуй, это первые деньги, которые я заработал в 7-8 лет.

1. Свои самые первые деньги Вячеслав Зайцев заработал … .
   А) во время войны
   Б) до войны
   В) после войны

2. Свои первые доллары Вячеслав Зайцев получил за … .
   А) исполнение песен
   Б) организацию выставки
   В) продажу моделей одежды

3. Вячеслав Зайцев большую часть своей жизни … .
   А) имел средний доход
   Б) был богатым
   В) жил в нищете

4. В работе для модельера самым важным является … .

А) возможность внести личный вклад и ощутить его результат

Б) достойная зарплата

В) опосредованное присутствие в коллективе

5. С малых лет Вячеслав Зайцев … .

А) рос без отца

Б) имел полную и благополучную семью

В) остался сиротой

6. Причиной неожиданной болезни матери модельера стала … .

А) поездка в Америку

Б) квартирная кража

В) война

7. В детстве Вячеслав Зайцев был вынужден сам зарабатывать деньги, чтобы … .

А) покупать конфеты и печенье

Б) помогать больной матери

В) иметь возможность поехать в Америку

8. Автор текста вспоминает о своих первых заработанных деньгах … .

А) с болью в сердце

Б) со смешанными чувствами

В) с радостью

Инструкция к заданиям 9-15

- Вам предъявляется текст.
- Ваша задача – прочитать текст и **закончить предложения**, данные после текста, выбрав правильный вариант.
- Правильный вариант ответа необходимо вписать в матрицу.
- Время выполнения задания – **15 минут.**

Задания 9–15. Прочитайте текст 2 и предложения, которые даны после текста. Выполните задания в соответствии с инструкцией.

Текст 2

Трудно не согласиться, что социальные сети являются весьма полезным изобретением, представляя собой форму воплощения реальных взаимоотношений в виртуальной реальности. В таких сетях можно объединяться с другими пользователями в онлайн-режиме вокруг общих интересов, увлечений или по различным поводам – создавать разные сообщества. С помощью социальных сетей можно легко найти свою вторую половинку или партнёра по бизнесу. Часто социальные сети используются в коммерческих целях для распространения информации о продуктах, брендах, акциях, а также рекламы. В настоящее время наибольший интерес к социальным сетям проявляет индустрия развлечений, а также компании, производящие потребительские товары, спиртные напитки, автомобили и др.

Однако информация, размещённая в социальных сетях, может быть найдена и использована кем угодно, и не обязательно с благими намерениями. Информацию об участниках социальных сетей могут найти их работодатели, родители, дети, бывшие или настоящие супруги, сборщики долгов, преступники, сексуальные маньяки и педофилы, распространители националистических идей, сектанты, правоохранительные органы и так далее. Представители судебных органов иногда используют социальные сети, чтобы найти неплательщиков или получить сведения об их имуществе. Опасность социальных сетей связана также с лёгкой доступностью информации для спамеров, заваливающих вашу электронную почту ненужными сообщениями.

Известны случаи психических расстройств на почве зависимости от общения в социальных сетях: люди попадают в психиатрические больницы или переживают сильный стресс, если, к примеру, их фотография в сети не вызывает ожидаемого интереса среди друзей. К тому же, часто ожидания людей оказываются обманутыми: образ, который человек создал себе в социальной сети, далеко не всегда соответствует реальности. Некоторые работодатели запрещают пользоваться социальными сетями не только ради экономии рабочего времени, но и чтобы воспрепятствовать утечке информации. Социальные сети являются причиной интернет-зависимости, они «затягивают», от них невозможно оторваться, отнимают слишком много времени, вытесняя реальное общение. Люди начинают предпочитать виртуальных друзей реальным, а виртуальную реальность реальной жизни.

9. Социальные сети используются … .

А) только для личного общения

Б) исключительно в коммерческих целях

В) для различных целей

10. Конфиденциальность личной информации в социальных сетях … .

А) не может быть обеспечена полностью

Б) гарантирована

В) отсутствует

11. В социальных сетях чаще всего размещают рекламу … .

А) информационных услуг

Б) развлекательных мероприятий и товаров народного потребления

В) товаров производственного назначения

12. Информация о человеке в социальной сети … .

А) всегда является вымышленной

Б) совпадает с реальной информацией о нём

В) может отличаться от его официальных персональных данных

13. Директора предприятий запрещают своим сотрудникам использовать социальные сети на рабочем месте, поскольку … .

А) заботятся об их психическом здоровье

Б) не хотят переплачивать за личное использование Интернета

В) проводят политику конфиденциальности

14. Виртуальное общение в социальных сетях … .

А) часто заменяет людям реальное общение

Б) никогда не мешает реальному общению между людьми

В) невозможно без реального общения между людьми

15. Согласно мнению автора текста, социальные сети … .

А) являются однозначно полезным изобретением

Б) представляют серьёзную угрозу для человечества

В) имеют как явные преимущества, так и серьёзные недостатки

ЧАСТЬ 2

Инструкция к заданиям 16–25

- Вам предъявляется отрывок из художественного текста.
- Ваша задача – прочитать текст и **закончить предложения**, данные после текста, выбрав правильный вариант и вписав его в матрицу.
- При выполнении задания можно пользоваться толковым словарём русского языка.
- Время выполнения задания – **30 минут.**

Задания 16–25. Прочитайте текст 3 (отрывок из рассказа М. Дворецкой «Снежное признание в любви») и предложения, которые даны после текста. Выполните задания в соответствии с инструкцией.

Текст 3

Вероника вздохнула и отошла от окна. Надо быть реалисткой и перестать ждать чуда – наши парни в Германии нарасхват. Молодой, работящий, без вредных привычек (или уже приобрел там?) – завидный жених для местных фрау. Да и мама так сказала: «Сейчас молодёжь практичная, чтобы быстрее освоиться, женится там твой Ромка и не будет проблем ни с жильём, ни с работой! Выбрось его из головы, и не жди! Жить начинай!»

Валентина Васильевна искренне любила это паренька со слегка курчавыми волосами. «Несостоявшийся зять», вздыхала она теперь. Но дочь она любила больше и искреннее желала ей счастья, а не этого тягостного ожидания чуда возле молчащего телефона. Нет, Ромка звонил, но не часто. И не строил никаких планов для Вероники. Но это и понятно – он и сам в Германии «без году неделя». А девчонка мается, неправильно это – в двадцать лет не так надо жить, а радостно…

Валентина Васильевна прислушалась возле закрытой двери – спит Ника или опять о Ромке мечтает? Света нет, вздохов не слышно, наверное, спит…

При свете уличного фонаря Вероника перебирала свои сокровища – маленькая обезьянка в коробочке с сердечком (подарок Ромки на прошлый новый год – Обезьяны по японскому календарю), уродливое человекообразное существо на присоске («Это я, когда без тебя!» – говорил Ромка), открытка с неуклюжей надписью печатными буквами «Я тебя люблю». Точнее «R тебя люблю» – Ромка до двадцати лет умудрялся писать «Я» в обратную сторону. «Это я тренируюсь немецкое «R» писать», – отшучивался он потом. Вероника прижала прощальную открытку к груди и уснула…

Утренний свет показался необычно белым. «Заспалась!» – решила девушка. В институт 31 декабря идти не надо, поэтому будильник она отключила с вечера. Нет, всё равно слишком светло – как-то не так. Ника резко откинула одеяло и подскочила к окну.

Конечно же, на земле лежал долгожданный снег! От этого на душе стало хорошо-хорошо, захотелось плакать и смеяться одновременно!

Ника так и сделала – слёзы наворачивались сами через счастливую улыбку. Стоп, а что это там на снегу? Вероника с трудом сфокусировала зрение – на неглубоком, но ослепительно белом снеге были чётко отчерчены буквы «Я тебя люблю!». Точнее, это она так прочитала, на самом деле вместо «Я» было нарисовано латинское «R»…

– Ромка! – закричала девушка через заклеенное наглухо окно. Озябшая фигура в серо-голубой куртке и капюшоне встрепенулась и посмотрела в её сторону…

Ромка прилетел из Германии на 20 часов, и из них два провёл под окнами любимой – ждал, когда же она проснётся и увидит его признание в любви.

16. Действие текста происходит … .

А) в новогодние каникулы

Б) накануне Нового года

В) за неделю до Нового года

17. Ромка уехал в Германию … .

   А) два года назад

   Б) несколько дней назад

   В) несколько месяцев назад

18. Ромка был … .

   А) старше Вероники

   Б) младше Вероники

   В) ровесником Вероники

19. Вероника считала, что немецкие девушки … .

   А) равнодушны к русским парням

   Б) очень любят русских парней

   В) предпочитают немцев русским парням

20. Вероника больше всего ждала от зимы … .

   А) новогодних каникул

   Б) снега

   В) новогодних подарков

21. Мать Вероники советовала ей не ждать возвращения Ромки, потому что … .

   А) он ей не нравился

   Б) она не хотела, чтобы дочь страдала

   В) она нашла для неё другого жениха

22. Новогоднее признание в любви, которое получила Вероника, было написано на … .

   А) снегу

   Б) прощальной открытке

   В) стекле окна

23. При виде снега у Вероники появились … .

    А) слёзы прощания

    Б) слёзы радости

    В) слёзы отчаяния

24. Отношение Ромки к Веронике можно назвать … .

    А) искренним

    Б) дружеским

    В) практичным

25. В тексте снег помогает передать атмосферу … .

    А) страдания

    Б) чуда

    В) неизвестности

Субтест 3. ПИСЬМО

Инструкция к выполнению теста

- Время выполнения теста – **55 мин.**
- Тест состоит из 3-х заданий.
- Задания и инструкции к ним Вы получаете в письменном виде.
- В инструкциях содержатся указания:

  ▸ **Жирный шрифт.** Жирным шрифтом в тексте задания выделено намерение (интенции – например: дать рекомендацию, охарактеризовать лицо), которое Вы должны реализовать в письменной форме, а также тип/жанр текста, в котором должен быть написан Ваш текст.

  ▸ **Время выполнения задания.** Время, отведённое на ознакомление с заданием и его выполнение.

  ▸ **Объём текста.** Учитывается количество слов в тексте, который Вы будете писать.

  ▸ **Время предъявления материала.** В случае предъявления печатного текста – время на его чтение.

- При выполнении теста разрешается пользоваться толковым словарём русского языка.

Инструкция к заданию 1

- Вам будет предъявлен печатный текст/тексты.
- Ваша задача – на основании прочитанного **написать письмо рекомендательного характера**.
- Время предъявления материала: **5 мин.**

- Объём печатного текста: **180 слов**.

- Время выполнения задания: **15 мин**.

- Объём требуемого текста: **50–70 слов**.

Задание 1. Вашему знакомому необходимо сделать перевод документов на русский язык. На основе предложенной рекламной информации *напишите письмо*, в котором Вы рекомендуете агентство переводов. Ваше письмо должно содержать информацию, достаточную для принятия решения.

AGMP	**МАРТИН**
Москва, ул. Шаболовка, д. 34, оф. 101 Метро «Шаболовская» пн-пт: с 9-30 до 19-00 +7 (499) 3916143 **Профессиональные переводы по доступным ценам!** 12 лет на рынке 120 языков круглосуточная поддержка Письменный перевод Перевод личных документов Легализация документов	Бюро переводов 8 800 777-01-27 info@martinperevod.ru Комплексное лингвистическое обслуживание корпоративных клиентов и частных лиц Полный комплекс услуг, перевод, заверение и легализация Закажите перевод в этом месяце – и получите скидку 10%

Бюро переводов «ТРАКТАТ»
+ 7 (495) 645-21-36

СРОЧНЫЙ ПЕРЕВОД!

Входим в топ-10 лучших бюро переводов

Перевод с английского, французского, китайского, испанского, немецкого, русского.

Цены не зависят от сложности текста.

Удобные способы оплаты.

Принимаем заказы онлайн.

Доставка курьером.

FREGAT
Международное переводческое агентство

+7 (495) 774-75-72

Качественные переводы точно в срок!

Письменный перевод (срочный и несрочный)

Устный перевод

Легализация документов

Сопровождение иностранных граждан

Агентство языковых переводов ЭКСПАТ
+7(916)103-38-2

Мы работаем быстро и качественно!

Юридический перевод. Технический перевод. Перевод сайтов. Индивидуальный перевод. Перевод документов.

Наши специалисты имеют дипломы МГУ, МГИМО

Инструкция к заданию 2

- Вам предлагается ситуация, относящаяся к официально-деловой сфере общения. Ваша задача – **написать текст официально-делового характера** в соответствии с представленной ситуацией и предложенным заданием.
- Время выполнения задания: **15 мин**.
- Объём требуемого текста: **50–70 слов**.

Задание 2. Вы праздновали день рождения в общежитии. Ваши гости нарушили правила поведения в общежитии. *Напишите объяснительную записку* **на имя директора студенческого городка.**

Инструкция к заданию 3

- Вам предлагается ситуация, относящаяся к социально-бытовой сфере общения. Ваша задача – **написать неформальное письмо** в соответствии с представленной ситуацией и предложенным заданием.
- Время выполнения задания: **20 мин**.
- Объём текста: **100–150 слов**.

Задание 3. Представьте, что Вы давно работаете на телевидении. Сын вашего друга, готовящийся к поступлению в университет и выбирающий будущую профессию, обратился к Вам с просьбой рассказать о том, какие требования предъявляются человеку, который хочет стать телеведущим.

Напишите **дружеское (неформальное) письмо**, в котором Вы должны **охарактеризовать**, какими качествами должен обладать человек, жела-

ющий стать телеведущим, а именно:
- личные и деловые качества;
- уровень образования;
- уровень интеллектуального развития;
- профессионализм;
- владение смежными профессиями и специальностями.

Оцените, подходит ли сыну вашего друга эта профессия.

Субтест 4. АУДИРОВАНИЕ

Инструкция по выполнению теста

- Время выполнения теста – **35 мин.**

- Тест состоит из 4-х частей, включающих 25 заданий: часть 1 (задания 1–10); часть 2 (задания 11–15); часть 3 (задания 16–20); часть 4 (задания 21–25).

- Перед выполнением теста Вы получаете задания, инструкции к ним в письменном виде и лист с матрицей. На листе с матрицей напишите свои фамилию, имя и название страны.

- Тест выполняется по частям. Вы знакомитесь с инструкцией и заданиями к данной части, прослушиваете текст, затем выбираете вариант ответа к каждому из заданий и отмечаете его в матрице. Например:

| 1 | А | Б ᵛ | В | |

(Вы выбрали вариант Б).

- Если Вы изменили свой выбор, не надо ничего исправлять или зачёркивать. Внесите свой окончательный вариант ответа в дополнительную графу.

| 1 | А | Б ᵛ | В | **В** |

(Вы выбрали вариант В).

- В инструкциях содержатся указания:

    Время выполнения заданий. Время между двумя заданиями теста по аудированию, отведённое для заполнения матрицы.

    Время звучания аудиотекста. Время, в течение которого звучит запись.

    Количество предъявлений: 1.

- Пользоваться словарём не разрешается. В тесте ничего не пишите! Проверяться будет только матрица.

ЧАСТЬ 1

Инструкция к заданиям 1–5

- **Задания 1–5 выполняются после прослушивания реплики одного из участников диалога.**
- Время выполнения заданий: **5 мин**.
- Время звучания реплики: **30 сек**.
- Количество предъявлений: **1**.

Задания 1–5. Прослушайте реплику и выберите вариант ответа к каждому из заданий.

(звучит диалог и задания к нему)

1. Что говорящему понравилось в кафе?

    А) роллы

    Б) десерт

    В) напитки

2. Что говорящему не понравилось в кафе?

    А) отсутствие элементарной чистоты

    Б) плохо приготовленная пища

    В) невнимательность официанта

3. В словах говорящего звучит … .

    А) возмущение

    Б) восхищение

    В) удивление

4. Говорящий и собеседник … .

   А) часто общаются

   Б) хорошо знакомы

   В) не знакомы

5. Речь говорящего характерна для … общения.

   А) разговорного

   Б) делового общения

   В) диалектного

Инструкция к заданиям 6–10

- **Задания 6–10 выполняются после прослушивания рекламной информации.**
- Время выполнения заданий: **5 мин**.
- Время звучания реплики: **30 сек**.
- Количество предъявлений: **1**.

Задания 6–10. Прослушайте информацию и выберите вариант ответа к каждому из заданий.

(звучит информация и задания к ней)

6. Информация взята … .

   А) из печатного издания

   Б) из дружеской беседы

   В) из делового письма

7. Вечер проходил … Петербургского госуниверситета .

  А) в аудитории

  Б) в библиотеке

  В) в концертном зале

8. Вечер был посвящён … .

  А) произведениям классиков

  Б) студентам университета

  В) известному артисту

9. По форме литературно-художественная композиция … .

  А) представляет собой музыкальное зрелище

  Б) не имеет целостности

  В) объединена общим смыслом

10. Темой литературно-художественной композиции стало … .

  А) обращение к современной поэзии

  Б) родное и близкое каждому человеку

  В) новое, неизвестное до сих пор науке

ЧАСТЬ 2

Инструкция к заданиям 11–15

- **Задания 11–15 выполняются после просмотра видеозаписи диалога.**
- Время выполнения заданий: **6 мин**.
- Время звучания диалога: **2 мин**.
- Количество предъявлений: **1**.

Задания 11–15. Посмотрите фрагмент видеозаписи кинофильма «Отцы и дети» и выберите вариант ответа к каждому из заданий.

(идёт видеозапись кинофильма)

11. Фенечка срезала розы рано утром, потому что днём … .

А) придут гости

Б) будет очень жарко

В) ей будет некогда

12. Базаров пощупал пульс у Фенечки, чтобы определить, что … .

А) у неё частое сердцебиение

Б) она совершенно здорова

В) у неё высокая температура

13. Фенечка сообщила Базарову, что после его лечения у её сына … .

А) улучшился сон

Б) улучшился аппетит

В) снизилась температура

14. Базаров сказал, что за лечение нужно платить, с целью … .

А) попросить заработанные деньги

Б) обидеть или рассердить Фенечку

В) получить ответ на его чувства

15. Базаров своим поступком … .

А) завоевал любовь Фенечки

Б) сильно обидел Фенечку

В) очень рассердил Фенечку

Инструкция к заданиям 16–20

- **Задания 16–20 выполняются после прослушивания аудиозаписи новостей.**
- Время выполнения заданий: **6 мин**.
- Время звучания аудиотекста: **2 мин**.
- Количество предъявлений: **1**.

Задание 16–20. Прослушайте аудиозапись новостей и выберите вариант ответа к каждому из заданий.

(звучит аудиозапись новостей и задания к ней)

16. Пенсии российским пенсионерам-льготникам … .

   А) уменьшатся

   Б) увеличатся

   В) останутся прежними

17. Некоторые европейские страны … помощь Евросоюза.

   А) растратили впустую

   Б) не полностью получили

   В) не эффективно использовали

18. Падение курса доллара произойдёт … .

   А) весной

   Б) летом

   В) осенью

19. Россиянки … за Кубок Федерации

   А) отказались от борьбы

   Б) проиграли борьбу

   В) продолжают борьбу

20. Лучше ориентируются на местности люди, ...

А) страдающие бессонницей

Б) не употребляющие алкоголь

В) хорошо выспавшиеся

Инструкция к заданиям 21–25

- **Задания 21–25 выполняются после прослушивания аудиозаписи интервью.**
- Время выполнения заданий: **6 мин**.
- Время звучания аудиотекста: **2 мин**.
- Количество предъявлений: **1**.

Задания 21–25. Прослушайте интервью с Дмитрием Сергеевичем Лихачёвым и выберите вариант ответа к каждому из заданий.

(звучит аудиозапись)

21. Д. С. Лихачёва беспокоит то, что в школах уделяют недостаточное внимание ... наукам.

А) экономическим

Б) гуманитарным

В) политическим

22. Художественное творчество больше всего воспитывает ... .

А) логику

Б) память

В) интуицию

23. Эйнштейн любил … .

А) читать Достоевского

Б) рисовать

В) писать стихи

24. Пушкин, Лермонтов были способны … .

А) читать Достоевского

Б) рисовать

В) сочинять музыку

25. Д. С. Лихачёв выбрал сферой своих исследований древнерусскую литературу, потому что … .

А) древнерусская литература тесно связана с литературами других стран

Б) обучался в 1923 году на русском отделении университета

В) западная, романо-германская средневековая литература его не интересовала

Субтест 5. ГОВОРЕНИЕ

Инструкция по выполнению теста

- Время выполнения теста – **45 мин.**
- Тест состоит из 3-х частей, включающих 15 заданий.
- Задания и инструкции к ним Вы получаете в письменном виде.
- В инструкциях содержатся указания:

  - **Вы работаете с аудиозаписью!** Это означает, что реплики Вашего собеседника записаны в аудиофайл и Ваши ответные реплики должны уложиться в паузы после реплик собеседника.

  - **Ваш собеседник – тестирующий.** Это означает, что роль Вашего собеседника в соответствии с предъявленным заданием выполняет тестирующий.

  - **Задание выполняется без подготовки.** Это означает, что задание выполняется сразу после его предъявления.

  - **Жирный шрифт.** Жирным шрифтом в тексте заданий выделены слова, обозначающие намерения (интенции). Эти намерения Вы должны обязательно выразить в ходе выполнения задания. Например: согласитесь, выразите мнение, убедите и т.д.

  - **Время выполнения задания.** Учитывается только время устного сообщения.

  - **Время на подготовку.** Это означает, что после предъявления задания Вам даётся определенное время на подготовку к его выполнению.

  - **Пауза для ответа.** Это означает, что Ваша реплика должна уложиться в указанное время.

- Все Ваши высказывания записываются в аудиофайл.
- Пользоваться словарём не разрешается.
- Задания 1–4 и 5–8 выполняются без предъявления реплик тестирующего в письменном виде.

ЧАСТЬ 1

Инструкция к заданиям 1–4

- **Вы работаете с аудиозаписью!**
- Ваша задача – **поддержать диалог** в соответствии с заданием.
- Задание выполняется без подготовки.
- Время выполнения задания: **1,5 мин**.
- Пауза для ответа: **10 сек**.
- Количество предъявлений: **1**.

Задания 1–4. Представьте себе, что вы с другом были на концерте современной музыки. Вам концерт понравился, а другу – нет. Возразите ему, используйте антонимичные оценочные слова.

   1. – Я разочарован: вокал такой слабый.
   – … .
   2. – Музыка совсем убогая: три аккорда.
   – … .
   3. – И подтанцовка двигалась совсем не в такт.
   – … .
   4. – А костюмы? Так бомжи у нас одеваются.
   – … .

Инструкция к заданиям 5–8

- **Вы работаете с аудиозаписью!**
- Ваша задача – **ответить** на реплики собеседника в соответствии с заданной ситуацией и указанным намерением.

- **Задание выполняется без подготовки.**
- Время выполнения задания: **1,5 мин**.
- Пауза для ответа: **15 сек**.
- Количество предъявлений: **1**.

Задания 5–8. Вы разговариваете с девушкой, которая собирается замуж. Отреагируйте на реплики собеседницы, выражая заданные намерения.

5. – **Выразите радость:**

– Андрей вчера сделал мне официальное предложение.

– … .

6. – **Выразите удивление:**

– Но он ещё не знаком с моими родителями.

– … .

7. – **Успокойте:**

– Я боюсь, он им не понравится…

– … .

8. – **Посоветуйте:**

– Как же их познакомить, чтобы они подружились?

– … .

Инструкция к заданиям 9–12

- **Вы работаете с аудиозаписью!**

- Вам будут предъявлены **4 реплики** в письменном виде.
- Ваша задача – **воспроизвести** реплики с интонацией, соответствующей намерению, которое предложено в задании.
- **Задание выполняется без подготовки.**
- Время выполнения задания: **1,5 мин**.

Задания 9–12. Воспроизведите реплики с интонацией, соответствующей следующим намерениям:

9. Вы **сожалеете**: – Извините, завтра я не могу: много работы…

10. Вы **рады**: – Я еду в Россию!

11. Вы **в недоумении**: – Почему же телефон не отвечает? Она сама просила позвонить…

12. Вы **восхищаетесь**: – Какой интересный человек! А как он говорит!

ЧАСТЬ 2

Инструкция к заданию 13

- Задание 13 выполняется после просмотра видеосюжета.
- Ваша задача – составить **подробный рассказ** об увиденном в соответствии с предложенным заданием.
- Количество предъявлений: **1**.
- Время на подготовку: **10 мин**.
- Время выполнения задания: **3–5 мин**.

Задание 13. *Расскажите* о просмотренном отрывке из фильма. *Опишите* ситуацию и действующих лиц и *выскажите предположение*, почему, по Вашему мнению, возникла такая ситуация.

Инструкция к заданию 14

- Вы **инициатор** диалога.
- Ваш собеседник – **тестирующий**.
- Ваша задача – подробно **расспросить** своего собеседника, исходя из предложенной ситуации.
- Время на подготовку: **3 мин**.
- Время выполнения задания: **3–5 мин**.

Задание 14. Вы прочитали в газете объявление.

Автошкола «Тройка» приглашает на обучение. Занятия утром или вечером. Свой автодром и автопарк. Медкомиссия и экзамены на водительские права в автошколе. Ждём вас по адресу: ул. Пушкина, 4, тел.: (343)-369-10-11.

Это объявления вас заинтересовало. Позвоните по указанному телефону и **расспросите** обо всём как можно более подробно, чтобы решить, стоит ли Вам учиться в этой автошколе.

Инструкция к заданию 15

- Вы должны принять участие **в обсуждении** определённой **проблемы**.

- **Ваш собеседник – тестирующий.**

- Ваша задача – в процессе беседы **высказать и отстоять свою точку зрения** по предложенному вопросу, адекватно реагируя на реплики тестирующего.

- **Задание выполняется без подготовки.**

- Время выполнения задания: **не более 10 мин**.

Задание 15. Примите участие в беседе на тему, предложенную тестирующим.

Возможные варианты тем:

1. Откуда берутся бездомные?
2. Как лучше изучать русский язык?
3. Гаджетомания: в чём проблема?
4. Загрязнение окружающей среды: что я могу сделать?
5. Равнодушие в современном обществе.
6. Развитие туризма: чего мы ждём от путешествия?

2부 정답

Контрольные матрицы

ЛЕКСИКА. ГРАММАТИКА

어휘, 문법 영역 정답

Матрица № 1				
1	А	Б	**В**	Г
2	А	Б	В	**Г**
3	А	**Б**	В	Г
4	**А**	Б	В	Г
5	А	Б	**В**	Г
6	А	Б	В	**Г**
7	А	**Б**	В	Г
8	А	**Б**	В	Г
9	А	**Б**	В	Г
10	А	Б	**В**	Г
11	**А**	Б	В	Г
12	А	**Б**	В	Г
13	**А**	Б	В	Г
14	А	**Б**		
15	А	**Б**		
16	А	**Б**		
17	А	**Б**		
18	А	**Б**		
19	**А**	Б		
20	А	**Б**		
21	**А**	Б		
22	А	**Б**		
23	А	**Б**		
24	**А**	Б		
25	А	**Б**		

Матрица № 2				
26	**А**	Б	В	Г
27	А	Б	В	**Г**
28	А	**Б**	В	Г
29	А	**Б**	В	Г
30	А	Б	В	**Г**
31	А	**Б**	В	Г
32	А	Б	**В**	Г
33	А	Б	В	**Г**
34	А	**Б**	В	Г
35	А	Б	**В**	Г
36	**А**	Б	В	Г
37	**А**	Б	В	Г
38	А	Б	**В**	Г
39	А	Б	В	**Г**
40	А	Б	В	**Г**
41	**А**	Б	В	Г
42	А	Б	**В**	Г
43	А	Б	В	**Г**
44	А	**Б**	В	Г
45	**А**	Б	В	Г
46	А	Б	В	**Г**
47	А	Б	**В**	Г
48	А	**Б**	В	Г
49	А	Б	В	**Г**
50	А	Б	В	**Г**

Матрица № 3				
51	А	**Б**	В	Г
52	А	Б	**В**	Г
53	А	Б	**В**	Г
54	А	**Б**	В	Г
55	А	Б	В	**Г**
56	А	**Б**	В	Г
57	**А**	Б	В	Г
58	А	Б	**В**	Г
59	А	**Б**	В	Г
60	А	Б	**В**	Г
61	А	**Б**	В	Г
62	А	**Б**	В	Г
63	А	**Б**	В	Г
64	**А**	Б	В	Г
65	А	Б	**В**	Г
66	**А**	Б	В	Г
67	А	Б	**В**	Г
68	А	Б	В	**Г**
69	А	Б	В	**Г**
70	А	**Б**	В	Г
71	**А**	Б	В	
72	А	Б	В	**Г**
73	А	**Б**	В	Г
74	**А**	Б	В	Г
75	А	Б	**В**	Г

Матрица № 4				
76	А	Б	В	**Г**
77	А	**Б**	В	Г
78	А	**Б**	В	Г
79	А	**Б**	В	Г
80	А	Б	**В**	Г
81	А	Б	**В**	Г
82	А	Б	В	**Г**
83	А	Б	В	**Г**
84	А	Б	**В**	Г
85	А	Б	В	**Г**
86	А	**Б**	В	Г
87	**А**	Б	В	Г
88	А	Б	**В**	Г
89	**А**	Б	В	Г
90	А	Б	**В**	Г
91	**А**	Б	В	Г
92	А	**Б**	В	Г
93	А	**Б**	В	Г
94	А	Б	В	**Г**
95	А	Б	**В**	Г
96	**А**	Б	В	Г
97	А	Б	**В**	Г
98	А	Б	**В**	Г
99	**А**	Б	В	Г
100	А	Б	В	**Г**

Матрица № 5				
101	А	Б	**В**	Г
102	А	**Б**	В	Г
103	А	**Б**	В	Г
104	А	Б	В	**Г**
105	А	Б	В	**Г**
106	**А**	Б	В	Г
107	А	Б	**В**	Г
108	А	Б	**В**	Г
109	А	**Б**	В	Г
110	А	Б	В	**Г**
111	**А**	Б	В	Г
112	А	**Б**	В	Г
113	А	**Б**	В	Г
114	**А**	Б	В	Г
115	**А**	Б	В	Г
116	А	Б	**В**	Г
117	А	Б	**В**	Г
118	А	**Б**	В	Г
119	А	Б	В	**Г**
120	А	Б	**В**	Г
121	А	**Б**	В	Г
122	А	**Б**	В	Г
123	**А**	Б	В	Г
124	**А**	Б	В	Г
125	А	**Б**	В	Г

Матрица № 6				
126	А	Б	**В**	Г
127	А	Б	**В**	Г
128	А	Б	В	**Г**
129	А	**Б**	В	Г
130	**А**	Б	В	Г
131	А	**Б**	В	Г
132	А	Б	**В**	Г
133	А	**Б**	В	Г
134	А	Б	В	**Г**
135	А	Б	**В**	Г
136	А	**Б**	В	Г
137	**А**	Б	В	Г
138	А	Б	**В**	Г
139	А	**Б**	В	Г
140	А	Б	В	**Г**
141	А	Б	В	**Г**
142	А	**Б**	В	Г
143	А	Б	**В**	Г
144	А	Б	**В**	Г
145	А	**Б**	В	Г
146	А	Б	**В**	Г
147	А	**Б**	В	Г
148	А	**Б**	В	Г
149	**А**	Б	В	Г
150	А	Б	**В**	Г

Итоговая контрольная таблица

Часть	Количество ситуаций выбора	№№ заданий	Оценка в баллах	Максимальное количество баллов	Количество баллов, полученное тестируемым
1	25	1 – 25	1,0	25	
2	25	26 – 50	1,0	25	
3	25	51 – 75	1,0	25	
4	25	76 – 100	1,0	25	
5	25	101 – 125	1,0	25	
6	25	126 – 150	1,0	25	
Итого:	150	150		150	

Таким образом, весь тест по лексике и грамматике оценивается в 150 баллов. При оценке результатов тестирования выделяется два уровня:

удовлетворительный — **99** баллов и выше

неудовлетворительный — менее **99** баллов

ЧТЕНИЕ

읽기 영역 정답

1	А	Б	**В**
2	А	**Б**	В
3	А	Б	**В**
4	**А**	Б	В
5	**А**	Б	В
6	А	**Б**	В
7	А	**Б**	В
8	А	**Б**	В
9	А	Б	**В**
10	**А**	Б	В
11	А	**Б**	В
12	А	Б	**В**
13	А	Б	**В**

14	**А**	Б	В
15	А	Б	**В**
16	А	**Б**	В
17	А	Б	**В**
18	А	Б	**В**
19	А	**Б**	В
20	А	**Б**	В
21	А	**Б**	В
22	**А**	Б	В
23	А	**Б**	В
24	**А**	Б	В
25	А	**Б**	В

Итоговая контрольная таблица

№ задания	Максимальная оценка в баллах по каждому тексту	Количество баллов, полученное тестируемым
1 – 8	48	
9 – 15	42	
16 – 25	60	
Итого:	150	

Таким образом, весь тест по чтению оценивается в 150 баллов.

При оценке результатов тестирования по чтению выделяется 2 уровня:

удовлетворительный — **99** баллов и выше

неудовлетворительный — менее **99** баллов.

ПИСЬМО
쓰기 영역 예시 답안

Задание 1. Вашему знакомому необходимо сделать перевод документов на русский язык. На основе предложенной рекламной информации *напишите письмо*, в котором Вы рекомендуете агентство переводов. Ваше письмо должно содержать информацию, достаточную для принятия решения.

Первый вариант ответа

Дорогая Катя!

В ответ на твою просьбу рекомендую тебе обратиться в бюро переводов «Трактат». Во-первых, там делают срочные переводы, а во-вторых, там можно сделать заказ онлайн. К тому же они предлагают услуги курьера. Это удобно, так как я знаю, что ты очень занята.

Или зайди в бюро переводов AGMP, оно находится недалеко от твоей работы. Там есть услуга круглосуточной поддержки.

Выбор за тобой!

Удачи!

Лариса

Второй вариант ответа

Алексей!

С радостью отвечаю на твою просьбу.

Могу порекомендовать тебе бюро переводов «Мартин». Там делают не только переводы, но и легализацию, и заверение. Тебе как раз это нужно. Тем более в этом месяце на переводы скидка 10%.

Ещё могу порекомендовать бюро Fregat. Там делают срочные переводы (если у тебя мало времени) и тоже есть услуга легализации документов.

Если что – звони.

Анжелика

Задание 2. Вы праздновали день рождения в общежитии. Ваши гости нарушили правила поведения в общежитии. *Напишите объяснительную записку* на имя директора студенческого городка.

Первый вариант ответа

Директору студенческого городка

Михайлову Н. А.

от студента подготовительного факультета

кафедры современного русского языка

Ким Донгу

Объяснительная Заявление

О нарушении правил поведения в общежитии 5.10.2016

Тишина в общежитии № 3 была нарушена 5 октября 2016 года по причине празднования моего дня рождения. Ко мне пришли гости – друзья с моего факультета, 8 человек; мы долго разговаривали и смотрели кино, поэтому не успели закончить праздник до 11 часов вечера, как требуют правила поведения в общежитии.

Студент подготовительного факультета

Ким Донгу

Второй вариант ответа

Директору студенческого городка

Иванову Ф.О.

от студентки кафедры русской литературы

Ли Ынён

Объяснительная Заявление

О нарушении правил поведения в общежитии 17.05.2016

17 мая 2016 года мои гости – 5 студентов филологического факультета – не успели покинуть общежитие до 11 часов вечера, как требуют правила поведения в общежитии, в связи с празднованием моего дня рождения. Планировалось закончить встречу в 22:30, однако мы досмотрели фильм только в 23:15.

Студентка кафедры русской литературы

Ли Ынён

Задание 3. **Представьте, что Вы давно работаете на телевидении. Сын вашего друга, готовящийся к поступлению в университет и выбирающий будущую профессию, обратился к Вам с просьбой рассказать о том, какие требования предъявляются человеку, который хочет стать телеведущим.**

Первый вариант ответа

Дорогой Иван!

С радостью отвечаю на твой вопрос.

Ты знаешь, что я работаю на телевидении 15 лет. За это время я несколько раз был членом конкурсной комиссии при отборе кандидатов на роль телеведущего. Поделюсь с тобой своим опытом.

Прежде всего, у телеведущего должно быть высшее образование, желательно по специальности «Ведущий телевизионных программ». Иногда мы принимаем людей с профессией актёра.

Это должен быть человек начитанный, эрудированный, готовый дать ответ на любой вопрос. Лучше, если у такого человека уже есть опыт работы с аудиторией. Мы оцениваем умения держать зрительское внимание, поддерживать беседу, работать с фактами.

Кроме того, будущий телеведущий должен быть коммуникабельным, активным, при этом ответственным и серьёзным человеком, готовым работать над собой.

Выбор за тобой!

Удачи!

Валентин Петрович

Второй вариант ответа

Серёжа!

Отвечаю на твой вопрос.

Для того чтобы стать телеведущим, нужно много готовиться. Во-первых, нужно получить высшее образование по специальности «Ведущий телевизионных программ» или хотя бы закончить специальные курсы. Во-вторых, необходимо иметь опыт подобной работы, например, на студенческом телевидении. В-третьих, нужно быть начитанным человеком.

Бывают случаи, когда телеведущими становятся люди без специальной подготовки. Это люди очень талантливые, усердные, инициативные, творческие.

На мой взгляд, для телеведущего важен внешний вид. Не обязательно быть очень красивым человеком, но обязательно аккуратным, опрятным, симпатичным. На собеседовании оценивают манеру разговора, умение держать себя, способность решать неожиданные задачи и отвечать на любые вопросы.

Без сомнения, работа телеведущего интересна и ответственна.

Мне кажется, если ты захочешь выбрать этот путь, у тебя всё получится!

Удачи!

Светлана Ивановна

Методические рекомендации

Обработка результатов тестирования

Обработка результатов тестирования производится при помощи рейтерских таблиц, составленных для каждого задания.

Рейтерские таблицы представляют собой шкалу оценок, которая учитывает выражение содержания и интенции, а также соответствие лексико-грамматическим нормам. Тестирующий отмечает выставляемые баллы в рейтерской таблице и заносит сумму баллов за задание в графу Итого. Затем подсчитывается количество баллов за каждое задание в графе Всего. Количество баллов, полученное за каждое задание, заносится в итоговую контрольную таблицу.

В задании 1 по шестибалльной системе (от 0 до 5) оценивается умение тестируемого составлять письменный текст рекомендательного характера на основе предъявляемой информации.

5 баллов ставится, если качество речевого продукта тестируемого полностью соответствует основным характеристикам данного параметра, при этом тестируемый демонстрирует владение нормами русского языка.

4 балла ставится, если качество речевого продукта тестируемого соответствует основным характеристикам данного параметра, но тестируемый допускает ошибки, не ведущие к нарушению норм выражения данного параметра.

3 балла ставится, если качество речевого продукта тестируемого не вполне соответствует основным характеристикам данного параметра из-за наличия ошибок, искажающих смысл.

2 балла ставится, если качество речевого продукта тестируемого нарушает нормы речевой реализации данного параметра.

1 балл ставится, если качество речевого продукта тестируемого не соответствует нормам речевой реализации данного параметра.

0 баллов ставится, если данный параметр не отражен в речи тестируемого.

Рейтерские таблицы. Письмо (II уровень)

Рейтерская таблица № 1

Объекты контроля	Шкала оценок						Итого
СОДЕРЖАТЕЛЬНЫЙ КОМПОНЕНТ							
1. Умение представить информацию, достаточную для принятия решения адресатом речи	0	1	2	3	4	5	
ИНТЕНЦИЯ							
2. Умение дать рекомендацию	0	1	2	3	4	5	
КОМПОЗИЦИОННАЯ СТРУКТУРА И ФОРМА							
3. Адекватность формы и структуры изложения содержанию и интенциям продуцируемого текста	0	1	2	3	4	5	
ЯЗЫКОВЫЕ СРЕДСТВА							
4. Соответствие использованных языковых средств нормам современного русского языка	0	1	2	3	4	5	

Всего:

В задании 2 по шестибалльной системе (от 0 до 5) оценивается умение тестируемого писать текст официально-делового характера.

Рейтерская таблица № 2

Объекты контроля	Шкала оценок						Итого
СОДЕРЖАТЕЛЬНЫЙ КОМПОНЕНТ							
1. Умение представить ситуацию	0	1	2	3	4	5	
ИНТЕНЦИЯ							
2. Умение выразить интенцию в соответствии с предлагаемым заданием (объяснение причины)	0	1	2	3	4	5	
КОМПОЗИЦИОННАЯ СТРУКТУРА И ФОРМА							
3. Адекватность формы и структуры изложения содержанию и интенциям продуцируемого текста	0	1	2	3	4	5	
ЯЗЫКОВЫЕ СРЕДСТВА							
4. Соответствие использованных языковых средств нормам современного русского языка	0	1	2	3	4	5	

Всего:

В задании 3 по шестибалльной системе (от 0 до 5) оценивается умение тестируемого писать неформальное письмо.

Рейтерская таблица № 3

Объекты контроля	Шкала оценок						Итого
СОДЕРЖАТЕЛЬНЫЙ КОМПОНЕНТ							
1. Умение охарактеризовать личные качества	0	1	2	3	4	5	
2. Умение охарактеризовать деловые качества	0	1	2	3	4	5	
ИНТЕНЦИЯ							
3. Умение выразить оценочные отношения	0	1	2	3	4	5	
КОМПОЗИЦИОННАЯ СТРУКТУРА И ФОРМА							
4. Адекватность формы и структуры изложения содержанию и интенциям продуцируемого текста	0	1	2	3	4	5	
ЯЗЫКОВЫЕ СРЕДСТВА							
5. Соответствие использованных языковых средств нормам современного русского языка	0	1	2	3	4	5	

Всего:

Итоговая контрольная таблица

№ задания	Максимальное количество баллов	Количество баллов, полученное тестируемым
1	20	
2	20	
3	25	
Итого:	65	

Таким образом, весь тест по письму оценивается в 65 баллов. При оценке результатов тестирования по письму выделяется 2 уровня:

удовлетворительно — **43** балла и выше;
неудовлетворительно — менее **43** баллов.

АУДИРОВАНИЕ
듣기 영역 정답

1	**А**	Б	В	
2	А	Б	**В**	
3	**А**	Б	В	
4	А	**Б**	В	
5	**А**	Б	В	
6	**А**	Б	В	
7	А	**Б**	В	
8	**А**	Б	В	
9	А	Б	**В**	
10	А	**Б**	В	
11	А	**Б**	В	
12	А	**Б**	В	
13	**А**	Б	В	
14	А	Б	**В**	
15	А	**Б**	В	
16	А	**Б**	В	
17	А	Б	**В**	
18	**А**	Б	В	
19	А	**Б**	В	
20	А	Б	**В**	
21	А	**Б**	В	
22	А	Б	**В**	
23	**А**	Б	В	
24	А	**Б**	В	
25	**А**	Б	В	

Итоговая контрольная таблица по субтесту «Аудирование»

№ задания	Максимальное количество баллов	Количество баллов, полученное тестируемым
1 – 5	30	
6 – 10	30	
11 – 15	30	
16 – 20	30	
21 – 25	30	
Итого:	150	

Таким образом, весь тест по аудированию оценивается в 150 баллов.

При оценке результатов тестирования по аудированию выделяется 2 уровня:

удовлетворительно – **99** баллов и выше;

неудовлетворительно – менее **99** баллов.

녹음 원문

ЧАСТЬ 1

Задания 1–5. **Прослушайте реплику и выберите вариант ответа к каждому из заданий.**

Представляешь, вчера впервые пришёл в кафе поужинать. Роллы принесли достаточно быстро, всё вкусно – спасибо! Но вот как нам подали десерт – так я к вам потерял всякое желание прийти даже за бутылкой воды. Сам выбрал пирожные, сказал официанту. Принёс совсем не то, менять не захотел. Настроение было испорчено. В общем, нужно учить официантов формировать заказы и волноваться, чтобы клиенты были довольны, а не только чтобы счета были оплачены. В общем, мы с тобой так давно не виделись, что хочется встретиться, пообщаться, но только не в этом кафе!

Задания 6–10. **Прослушайте информацию и выберите вариант ответа к каждому из заданий.**

В библиотеке Петербургского ГУ состоялся авторский вечер народного артиста России Константина Пилипенко. Была представлена литературно-художественная композиция, названная строкой из стихотворения Ильи Сельвинского «О, милая моя среда…». Прозвучали отрывки из произведений А. С. Пушкина, Н. В. Гоголя, М. Ю. Лермонтова, Н. А. Некрасова, И. А. Бунина, Б. Слуцкого, Э. Радзинского, А. Дементьева и других авторов.

В конце программы стало очевидно, что она имеет целостную, законченную композицию и общую тему – тот мир, ту среду, в которой все мы вращаемся, которую не выбирают и которую мы тем не менее называем «милой».

ЧАСТЬ 2

Задания 11–15. **Посмотрите фрагмент видеозаписи кинофильма «Отцы и дети» и выберите вариант ответа к каждому из заданий.**

Фенечка: Евгений Васильевич!

Базаров: А что это Вы тут делаете? Букет вяжете?

Фенечка: Да. На стол, к завтраку. Николай Петрович это любит. Я их сейчас нарвала, а то потом так жарко будет, не выйти. Ах, я что-то совсем расслабела от этого жару. Боюсь, не заболею ли я.

Базаров: Что за фантазия. Ну-ка… Сто лет проживёте.

Фенечка: Сто лет?… А что это у Вас за книга?

Базаров: Это… да мудрёная книга, учёная. Прочти…

Фенечка: Что вы!..

Базаров: Ну прочти…

Фенечка: Я всё равно ничего не пойму.

Базаров: Я ж не с тем, чтоб Вы поняли. Я посмотрю на Вас, как Вы читать будете. Потому что, когда Вы читаете, у Вас кончик носа очень мило двигается. А ещё я люблю, когда Вы смеётесь.

Фенечка: Ну, полноте… Полноте…

Базаров: И когда говорите. Словно ручеёк журчит.

Фенечка: А знаете что… Ведь с тех пор, как Вы мне эти капельки дали, – помните? – Митя так хорошо спать стал. Не знаю, как Вас благодарить. Вы такой добрый, право…

Базаров: А ведь по-настоящему лекарям платить надо. Лекаря, как Вы знаете, люди корыстные.

Фенечка: О, если Вам угодно, мы с удовольствием. Надо у Николая Петровича спросить.

Базаров: Да Вы что ж думаете, мне от Вас деньги нужны? Мне от Вас денег не надо.

Фенечка: А что же?

Базаров: Отгадайте.

Фенечка: Ну, что я за отгадчица.

Базаров: Хорошо, тогда я сам скажу. Мне от Вас нужно… одну из Ваших роз.

Фенечка: Вам какую? Белую или красную?

Базаров: Не знаю, давайте красную, только не очень большую. …М-м-м, понюхайте, как пахнет… Погодите, я с Вами хочу поговорить… (пауза)

Павел Петрович: Вы здесь?..

Фенечка: Грешно Вам, Евгений Васильич…

Задания 16–20. **Прослушайте аудиозапись новостей и выберите вариант ответа к каждому из заданий.**

Российские пенсионеры получат дополнительные надбавки. С 1 апреля Правительство решает провести индексацию пенсий для льготников, ветеранов и инвалидов.

Из 7 млрд евро, направленных в рамках программы помощи некоторым европейским странам, «неэффективно использовались» по меньшей мере 5 миллиардов. Проверка Евросоюза показала, что поставленных целей достигают не все его проекты.

Как было предсказано экспертами, в мае курс американской валюты опустится. Ежедневные новости с ММВБ (Московской межбанковской валютной биржи) подтверждают эти прогнозы.

Сборная России по теннису выбыла из розыгрыша Кубка Федерации, разгромно уступив команде Бельгии. Тактический план Тарпищева оказался неверен – Дементьева проиграла в четвёртой встрече и лишила команду надежды на успех.

Оказывается, выспавшиеся люди лучше ориентируются на местности. Это доказано учёными с помощью специальных сканеров и компьютерной игры, в которую целыми днями «резались» участники эксперимента.

Задания 21–25. **Прослушайте интервью с Дмитрием Сергеевичем Лихачёвым и выберите вариант ответа к каждому из заданий.**

Дмитрий Сергеевич Лихачёв: Здравствуйте, товарищи. Спасибо.

Вот, когда я ехал в Москву, я думал, о чём говорить. И, в конце концов, решил говорить о том, что мне кажется сейчас самым важным.

Самое важное, мне кажется, в нашей жизни сейчас – это колоссальное развитие науки. Колоссальное развитие науки. Может быть, вы, моложе меня, и не были свидетелями того, как произошёл в нашей жизни, ну, не только Советского Союза, но и в мировой, вот этот подъём научных интересов, роли науки в нашей общественной, природной, какой угодно жизни.

Мне хотелось бы на двух моментах вот этого роста значения науки в нашей жизни остановиться. Первое: на среднем образовании. Нужно воспитывать в учениках средней школы вот этот научный подход к жизни, научный метод. Наука по существу своему, по подходу к проблемам – она едина. И гуманитарные науки, и естественные науки. Они едины. Об этом, между прочим, хорошо пишет академик Седов Леонид Иванович в своей книжке «Наука и учёные». Она вышла в 73-м году. Он показывает единство научного метода. Там первая глава посвящена Копернику и там, между прочим, эта мысль высказана.

И гуманитарные науки в воспитании такого научного подхода играют колоссальную роль. Дело в том, что научный труд требует общей интеллигентности человека. И эта общая интеллигентность человека даётся, главным образом, гуманитарными науками. Почему? Потому что искусство слова, живописи, какое угодно искусство, они основаны на интуиции. И они воспитывают интуицию. А без интуиции не могут обойтись и естественные науки. И математика не может обойтись без интуиции. Интуиция в основе всего, это то, что не может быть заменено никакой машиной. А художественное творчество больше всего воспитывает интуицию. И если не сам творец интуитивно может переходить от одного искусства к другому, то тот, кто понимает творчество хорошо, как искусство, для него это необходимо в любой профессии, в любом научном творчестве. Ведь недаром, скажем, Эйнштейн вдохновлялся творчеством Достоевского. Мне приходилось разговаривать с Романом Осиповичем Якобсоном. Он говорил, что перед написанием какой-то лингвистической работы своей, он любил живопись рассматривать. Определённые у него были интересы там – Ларионов, Гончаров, и так далее. К ним он особенно так относился, как к какому-то вдохновляющему началу. Совсем к другой области. Математики не случайно занимаются музыкой, любят музыку. И так далее. Ну, даже возьмем так:

талантливый человек в одной области, его талант сказывается и в другой. Скажем, Пушкин – великолепный художник, не профессиональный, но художник он великолепный, рисовальщик. Лермонтов художником был, Достоевский, как сейчас выясняется, был замечательным портретистом. Ну, итак далее, и так далее.

Таким образом, гуманитарные науки очень важны, и то, что их уменьшают в школе, часы на них уменьшаются, это плохо.

И гуманитарные науки должны воспитывать понимание искусства, прежде всего – понимание искусства, понимание истории и так далее.

Вопрос: Почему Вы выбрали сферой своих исследований древнерусскую литературу?

Дмитрий Сергеевич: Видите ли, когда я пришёл в университет, в те времена, в двадцатые годы, в 23-м году ещё, древнерусская литература изучалась книжно и для очень узкого круга специалистов, как книжность, не как искусство. Я поступил на западно-европейское отделение, на романо-германское отделение. И занимался романо-германскими литературами. Моим учителем, главным образом, был Виктор Максимович Жирмунский, Владимир Карлович Мюллер, шекспировед, ну и некоторые другие, Владимир Федорович Шишмарев и так далее.

Одновременно я слушал занятия по древнерусской литературе, принимал участие. И вот мне было очень досадно, что западно-европейское Средневековье изучается гораздо более передовыми литературоведческими методами, чем древнерусская литература. И я понял, между прочим, что сделать что-то для науки больше всего я смогу именно по русской тематике. Потому что нужно обращаться к рукописям. Западно-европейские литературы – они как бы ухожены, обласканы учеными, а древнерусская литература оставалась на уровне её книжного изучения.

И я поэтому решил связать себя с древнерусской литературой. И вот ещё почему, не только из таких патриотических соображений, научной перспективности, как теперь говорят, темы. Но ещё и потому, что древнерусская литература имеет много общего с другими литературами феодального периода, развитого феодализма. И понимание древнерусской литературы важно для того, чтоб понимать и европейские средневековые литературы, литературы и азиатские, и африканские, и так далее. Много общего. Кроме того, человек должен всегда стремиться расширить свой эстетический кругозор. И вот расширение в сторону древнерусской литературы, оно очень много даёт.

ГОВОРЕНИЕ
말하기 영역 예시 답안

Задания 1–4. Представьте себе, что вы с другом были на концерте современной музыки. Вам концерт понравился, а другу – нет. *Возразите* ему, используйте антонимичные оценочные слова.

1.

Первый вариант ответа

– Я разочарован: вокал такой слабый.
– <u>Вовсе нет! Вокалист – талантливый молодой человек, пел громко, уверенно.</u>

Второй вариант ответа

– Я разочарован: вокал такой слабый.
– <u>Я с тобой не согласен(-сна). Вокалист хорошо пел, сильно и эмоционально.</u>

2.

Первый вариант ответа

– Музыка совсем убогая: три аккорда.
– <u>Ну что ты! Музыка мне показалась сложной, с богатой гармонией.</u>

Второй вариант ответа

– Музыка совсем убогая: три аккорда.
– <u>Совсем наоборот. Песни очень мелодичные, с разнообразными аккордами.</u>

3.

Первый вариант ответа

– И подтанцовка двигалась совсем не в такт.
– <u>Совсем наоборот. Ребята прекрасно танцевали, показали высокое мастерство.</u>

Второй вариант ответа

– И подтанцовка двигалась совсем не в такт.
– Мне так не показалось. На подтанцовке были талантливые ребята, которые отлично двигались.

4.

Первый вариант ответа

– А костюмы? Так бомжи у нас одеваются.
– Я так не думаю. Это современный стиль одежды. Очень модно и креативно.

Второй вариант ответа

– А костюмы? Так бомжи у нас одеваются.
– Ну что ты! Какие бомжи! Это же современные костюмы. Видимо, дорогие.

Задание 5–8. **Вы разговариваете с девушкой, которая собирается замуж. *Отреагируйте* на реплики собеседницы, выражая заданные намерения.**

5.

Первый вариант ответа

– **Выразите радость:**

– Андрей вчера сделал мне официальное предложение.
– Какая радость! Поздравляю!

Второй вариант ответа

– **Выразите радость:**

– Андрей вчера сделал мне официальное предложение.
– О, прекрасная новость! Ты давно этого ждала!

6.

Первый вариант ответа

– **Выразите удивление:**

– Но он ещё не знаком с моими родителями.

– <u>Правда? Удивительно. Тогда им пора познакомиться.</u>

Второй вариант ответа

– **Выразите удивление:**

– Но он ещё не знаком с моими родителями.

– <u>Да? Не может быть! Тогда пришло время познакомиться.</u>

7.

Первый вариант ответа

– **Успокойте:**

– Я боюсь, он им не понравится…

– <u>Не переживай. Андрей – симпатичный молодой человек, с ним приятно поговорить. Твои родители будут довольны.</u>

Второй вариант ответа

– **Успокойте:**

– Я боюсь, он им не понравится…

– <u>Не бойся, всё хорошо. Андрей не может не понравиться! Он вежливый и добрый.</u>

8.

Первый вариант ответа

– **Посоветуйте:**

– Как же их познакомить, чтобы они подружились?

– <u>Советую тебе забронировать столик в ресторане и поужинать всем вместе в приятной атмосфере. Так все познакомятся и подружатся.</u>

Второй вариант ответа

– **Посоветуйте:**

– Как же их познакомить, чтобы они подружились?

– Тебе лучше пригласить Андрея домой и за чаем познакомить с родителями. В домашней обстановке разговор получится душевным.

Задание 13. **Расскажите о просмотренном отрывке из фильма.** *Опишите ситуацию и действующих лиц и выскажите предположение, почему, по вашему мнению, возникла такая ситуация.*

Первый вариант ответа

Мне кажется, девочка и собака уже знакомы. Может быть, иногда девочка приносит собаке какую-нибудь еду, кормит её. Но сегодня девочка вышла из дома без всего и показала язык, поэтому собака разозлилась и побежала за ребёнком, испугала девочку. После этого девочка пообещала собаке купить какую-нибудь еду.

Второй вариант ответа

Видимо, девочка боится соседскую собаку и всегда старается незаметно пройти мимо неё, когда выходит из дома. Сегодня девочка пошла в магазин и опять хотела незаметно пройти, но собака заметила её и побежала за ней. Девочка испугалась, стала убегать от собаки, упала. Когда открыла глаза, увидела, что собака добрая и умная. Они подружились.

Задание 14. **Вы прочитали в газете объявление.**

Автошкола «Тройка» приглашает на обучение. Занятия утром или вечером. Свой автодром и автопарк. Медкомиссия и экзамены на водительские права в автошколе. Ждём вас по адресу: ул. Пушкина, 4, тел.: (343)-369-10-11.

Это объявления вас заинтересовало. *Позвоните* **по указанному телефону и** *расспросите* **обо всём как можно более подробно, чтобы решить, стоит ли Вам учиться в этой автошколе.**

Первый вариант ответа

– Алло! Добрый день! Я звоню по объявлению в газете.
– По какому объявлению?
– Насчёт занятий в автошколе.

– Что вы хотите узнать?
– Будьте добры, скажите, пожалуйста, сколько идут ваши курсы?
– Три месяца.
– Сколько стоят?
– 30 000 (тридцать тысяч) рублей.
– А для студентов есть скидки?
– Нет.
– А когда начинаются курсы?
– В ноябре.
– Как проходит экзамен?
– У вас будет два экзамена.
– Какие?
– Теория и практика.
– А кто преподаватели?
– Все преподаватели – водители с большим опытом работы.
– Можно записаться на курсы по телефону или нужно лично прийти?
– Можно по телефону.
– У вас есть предоплата?
– Нет.
– И последний вопрос: а машины в школе новые?
– Да, новые.
– Большое спасибо за информацию! До свидания!
– До свидания!

Второй вариант ответа

– Алло! Здравствуйте!
– Здравствуйте!
– Я звоню по объявлению в газете насчёт курсов.
– Да, слушаю вас.
– Скажите, как долго идут курсы?
– Два с половиной месяца.
– Сколько раз в неделю будут уроки?
– Три раза в неделю.
– По сколько минут каждый урок?
– По полтора часа.

– У нас будет только теория или практика тоже?

– И теория, и практика.

– А можно проходить практику на своей машине?

– Нет, только на машинах школы.

– А сколько стоят курсы?

– 20 000 (двадцать тысяч) рублей.

– Нужно сразу заплатить всю сумму? Или можно платить каждый месяц?

– Нужно сразу всё заплатить.

– Когда начинаются курсы?

– Через неделю.

– Кто будет преподавать?

– Опытные преподаватели.

– Сколько стоит медкомиссия?

– 1500 (полторы тысячи) рублей.

– А экзамены?

– Экзамены входят в стоимость обучения.

– Хорошо. Спасибо за информацию! Я подумаю и перезвоню.

– Пожалуйста!

– До свидания.

– Всего доброго!

Задание 15. **Примите участие в беседе на тему, предложенную тестирующим.**

Возможные варианты тем:

1. Откуда берутся бездомные?
2. Как лучше изучать русский язык?
3. Гаджетомания: в чём проблема?
4. Загрязнение окружающей среды: что я могу сделать?
5. Равнодушие в современном обществе.
6. Развитие туризма: чего мы ждём от путешествия?

Образец беседы на тему «Гражданский брак»

Сценарий речевого поведения тестирующего	Реплика-стимул	Реплика-реакция тестируемого	Схема речевого поведения тестируемого
1. Ввод в проблему, запрос мнения	Какие проблемы в современном мире кажутся Вам особенно важными? Да, для России это тоже интересный вопрос, но проблемой здесь это не считается.	В последнее время меня интересует вопрос, почему молодые люди во многих западных странах живут в гражданском браке и не регистрируют свои отношения. Для меня это довольно странно, но я читала, что это распространённое явление в Европе.	Высказывание мнения
2. Запрос уточнения информации	Уточните, пожалуйста, что Вы понимаете под гражданским браком?	Молодой человек и девушка, которые любят друг друга, живут в одной квартире, у них общее хозяйство, деньги, вещи, планы на будущее, но они почему-то не женятся.	Уточнение информации
3. Запрос разъяснения мнения	Объясните, почему Вы считаете гражданский брак странным?	Потому что существует угроза разрушения семьи. Гражданский брак – не семья, молодые люди могут расстаться. Это безответственность.	Разъяснение мнения

4. Запрос информации	Но ведь и семьи распадаются: у нас в России на ранние браки приходится почти 40% разводов. Знаете ли Вы статистику?	Я читала, что в России не менее половины молодых пар сначала живут в гражданском браке. В Корее это не принято. Родители больше влияют на выбор детей, чем в России.	Информация
5. Запрос оценочного суждения	Как Вы оцениваете существующую ситуацию? Что хорошо, что плохо, что опасно, что перспективно?	Мне кажется, что в гражданском браке много минусов: безответственность молодых людей, странные отношения с родителями. Но есть и плюсы: молодые люди учатся жить вместе, проверяют характер, как они подходят друг другу, чтобы потом не разводиться в официальном браке. В конце концов, гражданский брак лучше, чем фиктивный брак.	Выражение оценочного суждения
6. Запрос обоснования	*Но как же быть влюблённой паре, когда они строят планы на будущее?*	Я думаю, всегда есть влияние традиции. Если общество против гражданских браков, как во многих восточных странах, то если кто-то и живёт вместе, то это скрывают. Но есть влияние Запада. Конечно, каждый решает сам, но надо помнить и о традиции.	*Обоснование*

7. Запрос сравнения	А если сравнить отношение мужчин и женщин к гражданскому браку, есть ли разница?	Ясно, что женщина больше беспокоится за своё будущее и будущее своих детей. Поэтому женщина всегда и, наверное, везде больше хочет официальной регистрации брака, чем мужчина.	Сравнение
8. Запрос примера	А Вы сами знакомы с молодыми парами, живущими вместе без регистрации?	Да, я знаю такую пару. Они русские студенты, уже три года живут вместе на съёмной квартире вместо общежития, и родители знают, дают деньги на квартиру.	Приведение примера
9. Запрос предположения	Как Вы думаете, они поженятся? И что ждёт такие пары вообще?	Мои друзья, наверное, поженятся. А другие – не знаю. Очень многие расстаются даже через 5-6 лет, и это проблема для девушки…	Высказывание предположения
10. Запрос вывода	Как можно предупредить увеличение количества гражданских браков?	Я не думаю, что можно как-то решить эту проблему сверху. Хотя государство может стараться сохранить традиционную семью, говорить об этом в школе, в университете. Родители могут объяснить. Молодые, конечно, решают сами, но кто-то им помогает решить.	Вывод

Обработка результатов тестирования

Рейтерская таблица № 1.

№ задания	Содержание (I)			Интенция (II)			Итого
	выражено адекватно	выражено неадекватными средствами	не выражено	выражена адекватно	выражена частично	не выражена	I + II
1	2	1	0	2	1	0	
2	2	1	0	2	1	0	
3	2	1	0	2	1	0	
4	2	1	0	2	1	0	

Всего:

Рейтерская таблица № 2.

N задания	Содержание (I)				Интенция (II)			Итого
	выражено адекватно	выражено неадекватными средствами	искажено	не выражено	выражена адекватно	выражена частично	не выражена	I + II
5	2	1,5	1	0	2	1	0	
6	2	1,5	1	0	2	1	0	
7	2	1,5	1	0	2	1	0	
8	2	1,5	1	0	2	1	0	

Всего:

Рейтерская таблица № 3.

N задания	Интенция			Итого
	выражена адекватно	выражена частично	не выражена	
9	4	2	0	
10	4	2	0	
11	4	2	0	
12	4	2	0	

Всего:

Рейтерская таблица № 4.

Параметры оценки / Объект контроля	Описание действующих лиц и ситуаций						Итого
1. Полнота	0	1	2	3	4	5	
2. Точность	0	1	2	3	4	5	
Параметры оценки / Объект контроля	**Предположение**						**Итого**
3. Выражение предположения	0	1	2	3	4	5	
4. Обоснование предположения	0	1	2	3	4	5	
Параметры оценки / Объект контроля	**Субъективные особенности монолога**						**Итого**
5. Композиция, структура монолога	0	3	5				
6. Владение фонетическими и лексико-грамматическими нормами разговорной речи	0	3	5				

Всего:

Рейтерская таблица № 5.

№	Тактика тестируемого	Шкала оценок						Итого	Тактика тестирующего
1.	Приветствие Представление	0	1	2	3	4	5		Приветствие *Просьба перезвонить
2.	Объяснение цели звонка	0	1	2	3	4	5		Готовность отвечать (Да. Пожалуйста.)
3.	Запрос информации Уточнение подробностей	0	1	2	3	4	5		Неконкретный ответ Уклонение от ответа
4.	Запрос разъяснения	0	1	2	3	4	5		Разъяснение
5.	*Резюмирующая часть Выражение признательности Прощание	0	1	2	3	4	5		*Констатация правильности или неправильности выводов Прощание

Всего:

Рейтерская таблица № 6.

Сценарий для тестирующего Реплики-стимулы	Реакции тестируемого Шкала оценок						Итого
1. Запрос мнения	1. Высказывание мнения						
	0	1	2	3	4	5	

2. Запрос уточнения	2. Уточнение информации						
	0	1	2	3	4	5	
3. Запрос разъяснения	3. Разъяснение мнения						
	0	1	2	3	4	5	
4. Запрос информации	4. Информации						
	0	1	2	3	4	5	
5. Запрос оценочного суждения	5. Выражение оценочного суждения						
	0	1	2	3	4	5	
6. Запрос обоснования	6. Обоснование						
	0	1	2	3	4	5	
7. Запрос сравнения	7. Сравнение						
	0	1	2	3	4	5	
8. Запрос конкретного примера	8. Приведение конкретного примера						
	0	1	2	3	4	5	
9. Запрос предположения	9. Высказывание предположения						
	0	1	2	3	4	5	

10. Запрос вывода	10. Формулирование вывода						
	0	1	2	3	4	5	

Всего:

Итоговая контрольная таблица

№ задания	Максимальное количество баллов для каждого блока заданий	Количество баллов, полученное тестируемым
1 - 4	14	
5 - 8	14	
9 - 12	12	
13	30	
14	25	
15	50	
Итого:	145	

Таким образом, весь тест по говорению оценивается в 145 баллов.

При оценке результатов тестирования по говорению выделяется 2 уровня:

удовлетворительно   –   **96** баллов и выше

неудовлетворительно   –   менее **96** баллов.

답안지

Рабочие матрицы

ГРАММАТИКА. ЛЕКСИКА

Имя, фамилия_____ Страна_____ Дата_____

Матрица № 1				
1	А	Б	В	Г
2	А	Б	В	Г
3	А	Б	В	Г
4	А	Б	В	Г
5	А	Б	В	Г
6	А	Б	В	Г
7	А	Б	В	Г
8	А	Б	В	Г
9	А	Б	В	Г
10	А	Б	В	Г
11	А	Б	В	Г
12	А	Б	В	Г
13	А	Б	В	Г
14	А	Б		
15	А	Б		
16	А	Б		
17	А	Б		
18	А	Б		
19	А	Б		
20	А	Б		
21	А	Б		
22	А	Б		
23	А	Б		
24	А	Б		
25	А	Б		

Матрица № 2				
26	А	Б	В	Г
27	А	Б	В	Г
28	А	Б	В	Г
29	А	Б	В	Г
30	А	Б	В	Г
31	А	Б	В	Г
32	А	Б	В	Г
33	А	Б	В	Г
34	А	Б	В	Г
35	А	Б	В	Г
36	А	Б	В	Г
37	А	Б	В	Г
38	А	Б	В	Г
39	А	Б	В	Г
40	А	Б	В	Г
41	А	Б	В	Г
42	А	Б	В	Г
43	А	Б	В	Г
44	А	Б	В	Г
45	А	Б	В	Г
46	А	Б	В	Г
47	А	Б	В	Г
48	А	Б	В	Г
49	А	Б	В	Г
50	А	Б	В	Г

Матрица № 3				
51	А	Б	В	Г
52	А	Б	В	Г
53	А	Б	В	Г
54	А	Б	В	Г
55	А	Б	В	Г
56	А	Б	В	Г
57	А	Б	В	Г
58	А	Б	В	Г
59	А	Б	В	Г
60	А	Б	В	Г
61	А	Б	В	Г
62	А	Б	В	Г
63	А	Б	В	Г
64	А	Б	В	Г
65	А	Б	В	Г
66	А	Б	В	Г
67	А	Б	В	Г
68	А	Б	В	Г
69	А	Б	В	Г
70	А	Б	В	Г
71	А	Б	В	
72	А	Б	В	Г
73	А	Б	В	Г
74	А	Б	В	Г
75	А	Б	В	Г

Матрица № 4				
76	А	Б	В	Г
77	А	Б	В	Г
78	А	Б	В	Г
79	А	Б	В	Г
80	А	Б	В	Г
81	А	Б	В	Г
82	А	Б	В	Г
83	А	Б	В	Г
84	А	Б	В	Г
85	А	Б	В	Г
86	А	Б	В	Г
87	А	Б	В	Г
88	А	Б	В	Г
89	А	Б	В	Г
90	А	Б	В	Г
91	А	Б	В	Г
92	А	Б	В	Г
93	А	Б	В	Г
94	А	Б	В	Г
95	А	Б	В	Г
96	А	Б	В	Г
97	А	Б	В	Г
98	А	Б	В	Г
99	А	Б	В	Г
100	А	Б	В	Г

Матрица № 5				
101	А	Б	В	Г
102	А	Б	В	Г
103	А	Б	В	Г
104	А	Б	В	Г
105	А	Б	В	Г
106	А	Б	В	Г
107	А	Б	В	Г
108	А	Б	В	Г
109	А	Б	В	Г
110	А	Б	В	Г
111	А	Б	В	Г
112	А	Б	В	Г
113	А	Б	В	Г
114	А	Б	В	Г
115	А	Б	В	Г
116	А	Б	В	Г
117	А	Б	В	Г
118	А	Б	В	Г
119	А	Б	В	Г
120	А	Б	В	Г
121	А	Б	В	Г
122	А	Б	В	Г
123	А	Б	В	Г
124	А	Б	В	Г
125	А	Б	В	Г

Матрица № 6				
126	А	Б	В	Г
127	А	Б	В	Г
128	А	Б	В	Г
129	А	Б	В	Г
130	А	Б	В	Г
131	А	Б	В	Г
132	А	Б	В	Г
133	А	Б	В	Г
134	А	Б	В	Г
135	А	Б	В	Г
136	А	Б	В	Г
137	А	Б	В	Г
138	А	Б	В	Г
139	А	Б	В	Г
140	А	Б	В	Г
141	А	Б	В	Г
142	А	Б	В	Г
143	А	Б	В	Г
144	А	Б	В	Г
145	А	Б	В	Г
146	А	Б	В	Г
147	А	Б	В	Г
148	А	Б	В	Г
149	А	Б	В	Г
150	А	Б	В	Г

ЧТЕНИЕ

Имя, фамилия _____ **Страна** _____ **Дата** _____

1	А	Б	В		
2	А	Б	В		
3	А	Б	В		
4	А	Б	В		
5	А	Б	В		
6	А	Б	В		
7	А	Б	В		
8	А	Б	В		
9	А	Б	В		
10	А	Б	В		
11	А	Б	В		
12	А	Б	В		
13	А	Б	В		
14	А	Б	В		
15	А	Б	В		
16	А	Б	В		
17	А	Б	В		
18	А	Б	В		
19	А	Б	В		
20	А	Б	В		
21	А	Б	В		
22	А	Б	В		
23	А	Б	В		
24	А	Б	В		
25	А	Б	В		

АУДИРОВАНИЕ

Имя, фамилия _____ Страна _____ Дата _____

1	А	Б	В		
2	А	Б	В		
3	А	Б	В		
4	А	Б	В		
5	А	Б	В		
6	А	Б	В		
7	А	Б	В		
8	А	Б	В		
9	А	Б	В		
10	А	Б	В		
11	А	Б	В		
12	А	Б	В		
13	А	Б	В		
14	А	Б	В		
15	А	Б	В		
16	А	Б	В		
17	А	Б	В		
18	А	Б	В		
19	А	Б	В		
20	А	Б	В		
21	А	Б	В		
22	А	Б	В		
23	А	Б	В		
24	А	Б	В		
25	А	Б	В		

Дорога в Россию идет через Пушкинский Дом!

러시아로 가는 길에 뿌쉬낀하우스가 있습니다!

러시아 교육문화센터
뿌쉬낀하우스 는

2002년 러시아와 한국을 잇는 문화적 가교의 역할을 담당하고자 하는 취지로 개원하여 러시아어 교육과 러시아 관련 도서의 출판, 문화교류 등의 분야에서 선도적인 역할을 하고 있습니다.

뿌쉬낀하우스
온라인스쿨 은

www.pushkinonline.co.kr

10여 년 동안 러시아어 교육분야에서 쌓아온 최고의 노하우를 여러분께 공개합니다.
이제 러시아어 전문 강사가 제공하는 최고의 강의를 온라인에서도 만나실 수 있습니다.

러시아 교육문화센터
뿌쉬낀하우스
교육센터 / 문화센터 / 출판센터
Tel. 02)2237-9387   Fax. 02)2238-9388
http://www.pushkinhouse.co.kr